HERMES

在古希腊神话中，赫耳墨斯是宙斯和迈亚的儿子，奥林波斯神们的信使，道路与边界之神，睡眠与梦想之神，亡灵的引导者，演说者、商人、小偷、旅者和牧人的保护神……

西方传统 经典与解释
Classici et Commentarii
HERMES

柏拉图注疏集

刘小枫 甘阳 ● 主编

柏拉图书简
Platonis Epistolae

[古希腊]柏拉图 Plato | 著

彭磊 | 译注

华夏出版社

国家社科基金项目 "柏拉图书信的翻译和研究"（12CZX039）
结项成果

"柏拉图注疏集"出版说明

"柏拉图九卷集"是有记载的柏拉图全集最早的编辑体例，相传由亚历山大时期的语文学家、数学家、星相家、皇帝的政治顾问忒拉绪洛斯（Θράσυλλος）编订，按古希腊悲剧演出的结构方式将柏拉图所有作品编成九卷，每卷四部（对话作品35种，书简集1种，共36种）。1513年，意大利出版家Aldus出版柏拉图全集，被看作印制柏拉图全集的开端，遵循的仍是忒拉绪洛斯体例。

可是，到了十八世纪，欧洲学界兴起疑古风，这个体例中的好些作品被判为伪作；随后，现代的所谓"全集"编本迭出，有31篇本或28篇本，甚至24篇本，作品前后顺序的编排也见仁见智。

俱往矣！古典学界约在大半个世纪前已开始认识到，怀疑古人得不偿失，不如依从古人受益良多。回到古传的柏拉图"全集"体例在古典学界几乎已成共识（Les Belles Lettres 自上世纪二十年代始陆续出版的希法对照带注释的 *Platon Œuvres complètes* 以及 Erich Loewenthal 在上世纪四十年代编成的德译柏拉图全集均为36种+托名作品7种），当今权威的《柏拉图全集》英译本（John M. Cooper 主编，*Plato, Complete Works*，Hackett Publishing Company 1984，不断重印）即完全依照"九卷集"体例（附托名作品）。

"盛世必修典"——或者说，太平盛世得乘机抓紧时日修典。对于推进当今中国学术来说，修典的历史使命不仅是续修中国古代典籍，还得同时编修古代西方典籍。古典文明研究工作坊属内的"古典学研究中心"拟定计划，推动修译西方古代经典这一学术大业。我们主张，修译西典当秉承我国清代学人编修古代经典的精神和方法——精神即：敬重古代经典，并不以为今人对世事人生的见识比古人高明；方法即：翻译时从名家注疏入手掌握文本，考究版本，广采前人注疏成果。

"柏拉图注疏集"将提供足本汉译柏拉图全集（36种+托名作品7种），篇序从忒拉绪洛斯的"九卷集"。尽管参与翻译的译者都修习过古希腊文，我们还是主张，翻译柏拉图作品等古典要籍，当采注经式译法（即凭靠西方古典学者的笺注本和义疏本迻译），而非所谓"直接译自古希腊语原文"。（如此注疏体柏拉图全集在欧美学界亦未见全功。德国古典语文学界于1994年着手"柏拉图全集：译本和注疏"，体例从忒拉绪洛斯，到2004年为止，仅出版不到8种；Brisson主持的法译注疏体全集九十年代初开工，迄今也尚未完成一半。）

柏拉图作品的义疏汗牛充栋，而且往往篇幅颇大。这套注疏体汉译柏拉图全集以带注疏的柏拉图作品为主体，亦收义疏性质的专著或文集。编译者当紧密关注并积极吸取西方学界的相关成果，不急于求成，务求踏实稳靠，裨益於端正教育风气、重新认识西学传统，促进我国文教事业的新生。

刘小枫　甘阳
2005年元月

柏拉图注疏九卷集篇目

卷一
1 游叙弗伦（顾丽玲 译）
2 苏格拉底的申辩（吴飞 译）
3 克力同（程志敏 译）
4 斐多（刘小枫 译）

卷二
1 克拉提洛斯（刘振 译）
2 泰阿泰德（贾冬阳 译）
3 智术师（柯常咏 译）
4 治邦者（张爽 译）

卷三
1 帕默尼德（曹聪 译）
2 斐勒布（李致远 译）
3 会饮（刘小枫 译）
4 斐德若（刘小枫 译）

卷四
1 阿尔喀比亚德前篇（梁中和 译）
2 阿尔喀比亚德后篇（梁中和 译）
3 希普帕库斯（胡镓 译）
4 情敌（吴明波 译）

卷五
1 忒阿格斯（刘振 译）
2 卡尔米德（彭磊 译）
3 拉克斯（罗峰 译）
4 吕西斯（黄群 译）

卷六
1 欧绪德谟（万昊 译）
2 普罗塔戈拉（刘小枫 译）
3 高尔吉亚（李致远 译）
4 美诺（郭振华 译）

卷七
1 希琵阿斯前篇（王江涛 译）
2 希琵阿斯后篇（王江涛 译）
3 伊翁（王双洪 译）
4 默涅克塞诺斯（李向利 译）

卷八
1 克利托普丰（张缨 译）
2 王制（史毅仁 译）
3 蒂迈欧（叶然 译）
4 克里提阿（叶然 译）

卷九
1 米诺斯（林志猛 译）
2 法义（林志猛 译）
3 厄庇诺米斯（程志敏/崔嵬 编译）
4 书简（彭磊 译）

杂篇 （唐敏 译）

（篇名译法以出版时为准）

目　录

中译者引言 / *I*

书简一 / *I*
书简二 / *6*
书简三 / *23*
书简四 / *35*
书简五 / *41*
书简六 / *45*
书简七 / *52*
书简八 / *121*
书简九 / *137*
书简十 / *140*
书简十一 / *142*
书简十二 / *146*
书简十三 / *150*

人名索引 / *165*
地名索引 / *170*

中译者引言

据第欧根尼·拉尔修记述（《名哲言行录》III. 61），[①] 公元一世纪时，忒拉绪洛斯（Thrasyllus）将柏拉图的十三封书简与《米诺斯》《法义》《法义附言》（*Epinomis*）一起划归为第九部四联剧。拉尔修称这些书简为"伦理的"（ἠϑικαί），并一一列举了收信人的名字。[②] 拉尔修随后还列举了文法学家拜占庭的阿里斯托芬（Aristophane of Byzantine，公元前257—前150年）编排的三联剧，其中第五部三联剧为《克力同》《斐多》《书简》。由此看来，和柏拉图的对话作品一样，十三封书简的地位确立甚早，而且普遍受到承认。而且，忒拉绪洛斯和拜占庭的阿里斯托芬都把十三封书简看成一部作品、一部戏剧作品，放在一部四联剧或三联剧的末尾，以《法义》或《斐多》为中心。进而言之，两位编者并未把这些书简看成"历史性的"或"传记

[①] 第欧根尼·拉尔修，《名哲言行录》，徐开来、溥林译，广西师范大学出版社，2010。

[②] 唯一有出入的是，《书简十》的收信人 Ἀριστόδωρος 被误当作了 Ἀριστόδημος。

性的",而是把它们看成戏剧作品,十三封书简就如《法义》的十二卷一样(《名哲言行录》III.57)。①

在柏拉图之前,古希腊并未有独立的书简写作,但悲剧诗人欧里庇得斯喜欢以书简作为重要的戏剧元素,甚至好几次让剧中人直接在舞台上宣读书简的内容(《伊菲格涅亚在陶洛斯》行727-787,《伊菲格涅亚在奥利斯》行34-123,《希波吕托斯》行856-880)。希罗多德、修昔底德也曾直接引述历史人物的书简,还谈到战争时书简传递的趣事(《原史》1.124,3.40-43,7.239;《伯罗奔半岛战争志》1.128-132)。② 公元前四世纪的雅典,除了柏拉图,还有一位修辞学教师也写书简,即和柏拉图素为对头的伊索克拉底(Isocrates,公元前436—前388年)。伊索克拉底的主要著作是二十一篇演说词,但作为泛希腊主义的头号旗手,他还写有九封书简,全都是写给外邦统治者,包括叙拉古僭主狄奥尼修斯一世、马其顿王菲利普(Phillip)、年轻的亚历山大,斯巴达王阿基达摩斯(Archedamus)等等,其中有四封鼓吹希腊诸邦联合起来征服波斯。如今,这些书简多被认定确实出自伊索克拉底之手,但属于虚构性的修辞创作。另值得一提的是,色诺芬

---

① Thomas L. Pangle 编,《政治哲学之根:十篇被遗忘的苏格拉底对话》(*The Roots of Political Philosophy: Ten Forgotten Socratic Dialogues*),Cornell University Press,1987,页4注6。

② 从这些文献记载看,古希腊最初的书信似应称为"信板"(罗念生译法),正如我们古人称书信为简牍、尺素一样。"板"乃是两块对折的木板,四面有边,中间涂蜡,以铜针在蜡上写字,毕后两板对合,加以封缄(详见周作人译,《欧里庇得斯悲剧集》中卷,中国对外翻译出版公司,2003,页835,注392;参希罗多德,《原史》7.239)。限于这种条件,书简自然要尽可能简短,所以,我们有理由怀疑,柏拉图长达数十页的《书简七》会否真的是一封"书简"。

在《居鲁士的教育》(4.5.26-34) 中也辑录或说编撰了一封居鲁士的书简,这封书简非常程式化,以 χαίρειν[祝快乐]起头,以 ἔρρωσο[祝身体好/保重]结尾,似乎说明当时的书简写作已有一套形式和规范。①

在柏拉图之后,哲人的书简写作却流行起来。据记载,亚里士多德写有二十多封书简,其中有四封写给亚历山大,九封给马其顿大将安提帕特(Antipater)(《名哲言行录》V.26);学园继承人斯彪西普斯(Speusippus)则有一卷分别致狄翁、狄奥尼修斯和马其顿的菲利普二世的书简集(《名哲言行录》IV.5),从收信人就可看出,这些书简讨论的也多是政治问题。与之不同的是,菜园哲人伊壁鸠鲁也有三封致友人的书简,有赖拉尔修的全文抄录流传后世,但讨论的却是生死、自然学和天象学。尽管这些哲人书简都流传了下来,但和柏拉图书简一样,无不被真伪问题的疑云笼罩着,而这很大程度上归因于希腊化时期的托名书简写作风潮。

公元二、三世纪时,罗马帝国治下的泛希腊地区出现了一次文化复古,史称第二次智术师运动。这场运动力图重现公元前四世纪时雅典文化的辉煌,人们竞相模仿古代作品,出现了一种崭新的修辞作品,即假托古人之名拟作的书简,这种可谓"书信体小说"的写作形式既能通过塑造人物达到训练修辞技巧的目的,又能在短小的篇幅内展现个人的机智和学识,博人一笑,因而大为流行,至公元四世纪时,已经确立为一种重要的文学类型。匿

---

① 在柏拉图那里,有三封书简(第一、十、十三封)以 ἔρρωσο 结尾,两封书简(第五、十一封)以 εὐτύχει[祝你好运]结尾,其余则没有明确的结束语。

名的作者们热衷于托名古代哲人（德谟克利特、赫拉克利特、希波克拉底、苏格拉底、柏拉图等）、演说家（埃斯基奈斯、德摩斯提尼）、政治家（泰米斯托克勒斯、狄翁、布鲁图斯等）、古代七贤（梭伦、泰勒斯等），①尝试着从一种更私人和更切近的角度刻画古人的形象，或是虚构情节，或是依据历史材料，近乎一种传记文学的创作。在这些书简作品中，最著名的就是37封所谓的"苏格拉底派书简"（Socratic epistles）。苏格拉底派书简并没有多少哲学讨论，而是主要描绘了苏格拉底哲人圈子的交往和活动，常被分为以下六组：②

第1至7封：托名苏格拉底；

第8至13以及第29封：托名寓居狄奥尼修斯二世宫廷的阿里斯提普斯（Aristippus）；

第14至17封：由不同写信人讲述苏格拉底的审判和辞世；

第18至22封：托名色诺芬或与色诺芬有关；

第23至28封：描述柏拉图在叙拉古的经历，其中第24、

---

① P. A. Rosenmeyer，《古希腊书简文学》（*Ancient Greek Literary Letters*），Routledge，2006，页99。

② 当今辑佚古希腊书简最全的集子仍属 R. Hercher 所编八百多页的《古希腊书简集》（*Epistolographi Graeci*，Paris，1873），这里的排序便依据 R. Hercher。"苏格拉底派书简"的德文译注本有 L. Köhler，《苏格拉底与苏格拉底派书简》（*Die Briefe des Sokrates und der Sokratiker*，*Philologus*，Supplementband XX，Leipzig，1928），但 L. Köhler 因为抄件问题删去了这里的第25、26封书简，因此其排序与 R. Hercher 略微不同。有些学者在标示某封苏格拉底派书简时，会同时注出它在两个编本中的次序，如 "35 Hercher =33 Köhler"，便是指同一封书信在 R. Hercher 编本中是第35封，在 L. Köhler 编本中是第33封。

25、26封托名为柏拉图,第24封由柏拉图致一位叙拉古的收信人,讲述自己想要隐居的意愿,第25封致狄奥尼修斯二世,引介一位叫克里尼斯(Krinis)的年轻人,第26封致叙拉古的朋友们,称赞他们忠于狄奥尼修斯,并敦促他们一如既往地保持忠诚;①

第30至37封:托名斯彪西普斯,或以斯彪西普斯为收信人。

经过这场伪作风潮,现代人对古代书简多了一份戒心,事先总要问一句:是真还是假?真伪考证在现代蔚为大观,不过,在上面提到的这些书简中,柏拉图书简的真伪问题最复杂,争议最多。在十八、十九世纪的西方学界,柏拉图作品的真伪普遍受到怀疑,疑古最甚之时,柏拉图仅余五部对话未被确认为伪书,十三封书简更是自不待言。②疑古风潮归于平静后,那些曾经的"伪作"如今绝大多数都已得到正名,但柏拉图书简依然深陷真伪之争的泥沼,不仅各封书简的真伪情况不同,甚至同一封书简内部也有真伪的判分——不少学者认为,《书简七》的主体是柏拉图所作,但其中342a7-345a4的"哲学离题话"(Philosophical digression)却是后人写就并窜入的。西方对柏拉图书简的阅读、研究,绝大部分精力都耗费在真伪问题上,鲜有精深的义理阐发。阅读柏拉图书简,首先要面对或清理的就是真伪问题,要排

---

① 这三封书简曾窜入柏拉图的正典:1870年,C. F. Hermann编校的柏拉图全集(Leipzig: Teubner)就将这三封书简与另外十三封书简编在了一起。

② 程志敏,《〈厄庇诺米斯〉的真伪》,见刘小枫、陈少明主编,《经典与解释16:柏拉图的真伪》,北京:华夏出版社,2007,页3-9。

开这些有关真伪的意见,有必要系统梳理真伪问题的由来,借古今对照确立我们对柏拉图书简应持的态度。

尽管有着拉尔修所提供的明证,但意外的是,亚里士多德和其他学园成员从未提到过柏拉图的书简,这成为后世学者否认柏拉图书简的首要理由。① 最早提到和引述柏拉图书简的是西塞罗。在《图库卢姆清谈录》中(V.35,100),西塞罗明确引述了"柏拉图致狄翁亲友的著名书简"(praeclara epistula Platonis ad Dionis propinquos),并将《书简七》326b-c 节译成了拉丁文。他还在《致家人书》(*Epistolae ad Familiares*,I.9.18)中概述了《书简七》331c 中关于建议的思想。此外,《论善恶的极致》(*De Finibus Bonorum et Malorum*,II.14,46)及《论义务》(*De Officiis*,I.7.22)提到柏拉图并引证了《书简九》358a。由此看来,西塞罗至少承认第七、九封书简为柏拉图所作。

另外一位引证柏拉图书简的古典作家是普鲁塔克。他的《对照列传》将狄翁与布鲁图斯(Brutus)并置,并在写作《狄翁传》时运用了《书简七》的素材,甚至原封不动地整句转录,经常称"如柏拉图所写"。其实,早在普鲁塔克之前,另一位为狄翁立传的作家——与西塞罗同时代的奈波斯(Cornelius Nepos)就这么做过。② 不同的是,普鲁塔克还解释了《书简十三》中的一个段落,为了刻画狄翁的性格,他运用了与《书简四》相同的语词。公元三世纪时,新柏拉图主义者普罗提诺(Plotinus)

---

① 亚里士多德说到过狄翁的叙拉古远征(《政治学》1312a-b,《修辞学》1373a),但从未提到柏拉图与狄翁、狄奥尼修斯的交往,更没有提到柏拉图的三次西西里之行。

② 中译见奈波斯,《外族名将传》,刘君玲等译,上海:上海人民出版社,2005,页102-113。

多次评注《书简二》(《九章集》I.8，2；V.1，1-8)，并把这些书简奉为真迹。

其实，自忒拉绪洛斯编定柏拉图的九部四联剧之后，三十五篇对话和十三封书简在古代就很少受到怀疑。一般认为，最早的怀疑者是公元五世纪的新柏拉图主义大师普洛克罗（Proclus，410—485年）。这一习见皆因一位奥林匹俄多茹斯（Olympiodorus）所写的《柏拉图哲学引言》第26节记载：神圣的普洛克罗把《法义附言》视为伪作，而且还摒弃了《王制》《法义》《书简》，理由是《王制》《法义》卷数太多，且形式并非对话，而《书简》的风格则过于单一，于是，普洛克罗就把柏拉图的著作减为三十二篇对话。① 不过，这位作者的记载恐怕并不忠实，因为普洛克罗曾引用过某些书简并将之归诸柏拉图：比如说，他的《〈蒂迈欧〉疏》就多次引用《书简二》312e及《书简七》328c、342e等处。要断言普洛克罗是个疑古派，看来颇值得商榷。

文艺复兴时期，十五世纪初期最伟大的柏拉图译者布鲁尼（Leonardo Bruni，1369-1444年）先后翻译过《斐多》《克力同》《苏格拉底的申辩》《斐德若》等，最后又翻译了柏拉图书简（1427年），呈献给梅迪奇家族的科斯莫（Cosimo de Medici）。在献致信中，布鲁尼说明了他翻译柏拉图书简的理由：

> 翻译这些书简带给我极大的愉悦，我仿佛在面对面地与

---

① L. G. Westerink，《佚名著柏拉图哲学引言》(*Anonymous Prolegomena to Platonic Philosophy*)，Amsterdam: North-Holland Publishing Co.，1962，页46。

柏拉图本人交谈，久久凝视着他，与他的其他作品相比，我更能在这些书简中发现他的身影，因为书简既不是虚构的对话，也没有归之于另一个人，书简中没有任何反讽和伪装（ironia atque figmento），它所描述的是这位最伟大和最智慧的人在严肃事态下不得不采取的行动。①

布鲁尼继续说到，柏拉图在书简中通过行动表明，他本人就体现着他所教导的正直、自由、虔敬、正义等美德。在信的结尾，布鲁尼模仿柏拉图致狄奥尼修斯的笔调，语重心长地对科斯莫说：

> 因此，我要求你反复阅读这些书简，把其中的每一条格言都铭记在心，尤其那些关于国家事务的建议。你会明白我所说的意思，如果你用心把它们全都细细读过。……再会吧，望你通过阅读和行动表明，我的这份礼物并没有白费。

布鲁尼的翻译极具政治意图，称不上如今严格的学术翻译，但颇能体现佛罗伦萨当时的政治诉求。他力图把柏拉图塑造成一位"共和派"，是解放叙拉古僭政的首要力量，正是柏拉图激起了狄翁对自由的渴望，促使狄翁推翻了僭主统治。布鲁尼认定《书简十三》是伪作（他未加说明漏译的还有《书简二》314c7–

---

① 参见 James Hankins，《柏拉图在意大利文艺复兴》（*Plato in The Italian Renaissance*），Leiden：E. J. Brill，1990，卷一，注104。书信体在文艺复兴时期重新成为政治修辞的重要工具，当时的作家接续西塞罗、小普林尼的写作传统，热衷于探讨书信写作技巧和原理，就此可参斯金纳，《现代政治思想的基础》，奚瑞森、亚方译，北京：商务印书馆，2002，页56–66。

315a5），也正是因为此简突出了柏拉图与僭主的亲密关系。受布鲁尼影响，斐齐诺（Marsilio Ficino）1484年在佛罗伦萨出版拉丁文版的柏拉图全集时，同样拒斥《书简十三》，未予翻译（他另把《克莱托普丰》判作伪篇），他还断定《书简一》和《书简五》的作者是狄翁本人。直到1557年，文森特（Antoine Vincente）才将《书简十三》重新收入自己所编的柏拉图全集。①

1678年，英国剑桥的柏拉图主义者柯德沃思（Ralph Cudworth）也否认《书简十三》的真实性，他认为，《书简十三》363b 对"神"与"神们"的区分说明，作者不可能是多神论者柏拉图，而只能是一位基督教作家。二十年后，英国学者本特利（Richard Bently）发表论文《论普法拉西斯、泰米斯托克勒斯等人的书简》（*Dissertation upon the Epistles of Phalaris, Themistocles etc.*），被认为是现代人考订古代书简的开山之作，本特利的主要研究对象是以公元前六世纪的西西里僭主普法拉西斯（Phalaris）之名传下来的书简，并未详尽讨论柏拉图书简，但从他对各封书简的征引来看，他肯定柏拉图书简是真作。可以说，在十八世纪之前，柏拉图书简的真伪并未成为一个问题，受到排斥的至多仅有第十三封。

随着现代启蒙思潮的汹涌而至，柏拉图作品的真实性纷纷受到质疑，在一番番"考订"风波中，柏拉图书简自然不能幸免于难，其所受到的冲击远远超过对话作品。1783年，德国学者迈纳（Meiners）首先发难，否认全部书简（尤其第二、十一、十三封）的真实性。1816年，阿斯特（Friedrich Ast）继之而来，在其《柏拉图的生平和著作》（*Platons Leben und Schriften*）

---

① James Hankins，《柏拉图在意大利文艺复兴》，前揭，页306-307。

中对全部书简嗤之以鼻，声称这些书简根本配不上柏拉图的名字，仅对了解柏拉图的生平有所帮助，指责作者"粗野的自夸"（plumpe Ruhmredigkeit）。1820 年，索瑟（Joseph Socher）的《论柏拉图的著作》（*Über Platons Schriften*）提出，《书简七》和《书简八》有申辩意味，可能是由学园成员在柏拉图死后不久所写，目的是为柏拉图在叙拉古的政治行动辩护。1864 年，卡森（H. T. Karsten）发表了拉丁文论文《柏拉图书简考订研究》（*Commentatio critica de Platonis quae feruntur Epistolis*），在细致分析过书简的内容、风格、史实和学说之后，卡森总结说：这十三封书简均属伪作，尽管其中有着柏拉图对话和哲学的痕迹，但无一不是从对话作品中抄袭拼凑而成，故而风格散乱、粗糙低劣；这些书简约在公元三世纪上半叶编定，作者应当是一位或多位修辞学家，目的是为柏拉图申辩，展示柏拉图的生平及其与统治者的关系，但书简所刻画的柏拉图与柏拉图的哲学完全不符；在这些书简中，第七封最为重要，也是其他几封赖以编造的模式，第三、七、八封有较多相似性，应当出于同一位作者，是我们了解柏拉图生平事迹最古老和最可靠的材料。卡森的论文被誉为"第一份真正重要的考订"，直到今天仍然有极大影响，特别是他在各封书简之间、以及书简与对话之间所作的文本对勘，基本都被此后的研究者采用。受其影响，之后的哲学史家策勒（Zeller）接着认定，十三封书简全属伪作。

到十九世纪末，发端于德国的这股疑古辨伪浪潮稍稍平息，英国古典学者坎贝尔（Lewis Campbell）在其《柏拉图的〈智术师〉和〈治邦者〉》（*Plato, Sophistes and Politicus*, 1867）中倡导技术化的风格学分析，给柏拉图研究带来了一丝转机。但迟至 1888 年（坎贝尔的著作在德国长期不为人知），李特（C. Ritter）

才发表《对柏拉图的检验》(*Untersuchungen über Platon*),经过细致的风格学分析大胆宣布,《书简七》的文风和《法义》一模一样,他还谨慎地暗示第四、五、八封书简都是真作,甚至第二、九、十封也未必是伪作。此后的一些研究者(如 Fr. Blass、Eduard Meyer、Hans Raeder)以及德文版柏拉图全集的译者阿佩尔特(Otto Apelt)都坚持书简的真实性,仅仅排斥第一封和第十二封。再往后,考订的手段越来越多,涵括了语言分析、风格分析、史实考证、学说辨疑,有关真伪的意见也越来越多,比如说,李特 1910 年又推出《对柏拉图新的检验》(*Neue Untersuchungen über Platon*),承认第三、七、八封书简的真实性,他还推断说,设若这些书简不是柏拉图本人所作,其作者一定是根据柏拉图的笔记汇编而成。维拉莫维茨(Wilamowitz-Moellendorff)最初怀疑所有书简的真实性(除对第六封有所保留),但他的巨著《柏拉图》(*Platon*,1920)作出修正,承认第六、七、八封书简。鉴于维拉莫维兹作为古典学权威的地位,《书简六》也得到了很多人的接受。

  进入二十世纪,书简的西文译本渐多,研究者也渐多,对各封书简的真伪尽管意见不同,但却有一个基本趋向:由于前代学者丰硕的"考订成果",除少数怀疑者外,第七、八封书简的真实性得到了普遍承认,其余几封书简则聚讼纷纭,难有定论,甚至还有不少被认为是伪作。举例来说,布里松(Luc Brisson)的法译本(1987 年初版,1994 年再版)当属最晚近的西文译本,但他却认为,能够确定为真的只有《书简七》,《书简八》《书简十一》属可疑作品,其余书简则全属伪作,尽管他也承认,这些"伪作"对于了解柏拉图的生平和学说、甚至对阐释《书简七》

具有莫大的价值。① 经过现代考证的洗礼，柏拉图书简似乎成了一堆"有问题"的历史材料，仅对了解柏拉图的生平以及他在西西里的政治活动有用，这意味着，《书简》在柏拉图的作品织体中无足轻重，遑论在柏拉图哲学中有什么地位了。

正如柏拉图对话中的苏格拉底不是历史上的苏格拉底一样，柏拉图书简中的柏拉图也未必是历史上的那位柏拉图。真伪问题的实质在于，人们惊异地发现书简中的柏拉图不太像是隐藏在对话中的柏拉图，或说不太像是位哲人。② 然而，我们不能不考虑这样一种可能性：柏拉图甚至也会在自己的书简中隐藏自己，甚至有意塑造一个非柏拉图的柏拉图。我们更不能忽略这样一个事实，这些书简多是写给僭主的，在僭主面前，一位智慧者所说的话会完全真诚和严肃么（见《书简七》332d6-7）？③ 每封书简所处的情境不同，柏拉图与收信人的关系不同，柏拉图完全可能在不同情境下变换身姿，从而实现他的写作意图。真伪问题固然不容忽视，但依然是皮相之论，不足以带领我们理解每封书简。与其追问真伪，不如反复阅读，惟有在心怀敬意的反复阅读之中，这些书简的意蕴才会向我们敞开。

---

① Luc Brisson，《柏拉图书简》（*Platon: Letters*），Paris，1994，页20-21。该书第70页列出了自斐齐诺以来对柏拉图各封书简的真伪判分，值得参看。

② 不少论者认为，从书简可以看出，柏拉图在私人生活上有着人易犯的弱点，这些弱点不宜在自己公开性的对话作品中展示出来，但在私人性的信件中，他感到没有必要再加以克制，见 J. Harward，《柏拉图书简》（*The Platonic Epistles*），Cambridge，1932，页71。

③ 参见施特劳斯，《论僭政》，彭磊译，北京：华夏出版社，2016，页48。

翻译经典是研习经典的重要方式。精研某个古典文本，最好从原文（希腊文或拉丁文）入手，一味依赖现代译本，终究隔了一层，难免跟着译者出错不说，还会错失原文的精微曲奥。因此，应当先搞清有多少原文校勘本和西文译本，从中斟酌考量，拣择校勘最精当的本子作为翻译的底本，再参照几个译笔信实的西文译本，逐字逐句尽可能慢地译出一个中译本，同时尽可能多地吸纳西文译本的注释。这样做既可以避免误解误译原文，又能极大地丰富对原文的理解。只有先打下这个坚实的地基，接下来的研究才能踏实展开。

现代柏拉图希腊文全集的编订，主要依据两大最古的抄件。一为九世纪末的牛津抄件（Bodlcianus 39，简写为 B，藏于牛津），只包含前六部四联剧。另一为同时代的巴黎抄件（Parisinus Graecus 1807，简写为 A，藏于巴黎国家图书馆），只包含第八、第九部（含书简）四联剧和伪篇。中间缺失的第七部四联剧则依靠另外两份年代稍后的抄件补齐：公元1100年左右的威尼斯抄件（Venetus Append. Class. 4, cod.1，简写为 T，实为巴黎抄件的副本，但包含其缺少的部分），十二世纪的维也纳抄件（Vindobonensis 54，简写为 W）。单就柏拉图书简的希腊文而言，编订者首要的依据当然就是上面提到的巴黎抄件，然后还可参照巴黎抄件的副本、梵蒂冈抄件（Vaticanus Graecus 1，简写为 O，含第九部四联剧和伪篇）。了解这些抄件的基本情况，有助于我们识读编订者所做的各种校勘。[①]

对柏拉图书简的翻译和研究而言，现有三个校勘本可资利用：

[①] 抄件情况据 J. Souilhé 的法译本导言整理，见 J. Souilhé, *Platon Oeuvres Complètes XIII.1*: *Lettres*, Paris, 1926, 页 XXXVIII–XXXI。

伯奈特（John Burnet）所编订的牛津版柏拉图全集第五卷中的校勘本（*Platonis Opera*, Tom. V, Oxford, 1907）；法国 Budé 学会主编的柏拉图全集第十三卷中的校勘本，与《法义附言》及其他可疑的对话和伪篇并列一卷（*Platon Oeuvres Complètes XIII.1: Lettres*, Paris: Les Belles Lettres, 1926），比伯奈特本稍胜一筹的是，校勘者苏依耶（Joseph Souilhé）更多地利用了梵蒂冈抄件，而且注重所谓的"间接传统"，注出了早期教父如亚历山大的克雷芒（Clement of Alexandria）、尤西比乌（Eusibius）、俄里根（Origen），普洛克罗、斯塔拜欧（Stabaios）等人对书简的引述或评注，但在对疑难之处的校读上不如伯奈特慎重；1985年，英国古典学学者摩尔－布伦特（Jennifer Moore-Blunt）在德国出版了他的校勘本（*Platonis Epistulae*, Leipzig: Teubner），这位学者的功夫非常扎实，不仅十几页的前言用拉丁文写成，而且广泛吸收了晚近的研究成果，校注校释比前两个本子多出好多，后附的希腊文字词索引也极便于查对。据此，在原文本的选择上，宜用伯奈特本，同时参考苏依耶本、摩尔—布伦特本。

柏拉图书简的现代译本并不算少，甚至远远多过某些对话具有的译本。英语学界对书简的翻译集中在上世纪二三十年代，先后有四个译本：

L. A. Post, *Thirteen Epistles of Plato*, Oxford, 1925;

R. G. Bury, *Plato*: *Letters*, Loeb Classical Library *Plato* Vol. IX, 1929;

J. Harward, *The Platonic Epistles*, Cambridge, 1932;

G. R. Morrow, *Studies in the Platonic Epistles*, University of Illinois, 1935 / *Plato's Epistles*, Indianapolis, 1962;

另有两个单独的《书简七》和《书简八》译本：

R. S. Bluck, *Plato's Seventh and Eighth Letters*, Oxford 1946;

W. Hamilton, *Plato's Letter VII and VIII*, Penguin, 1973。

总体而言, 这些英译本的译文质量令人难以恭维, 均不同程度地违背了翻译柏拉图首要的"信实"原则, 其中尤以 L. A. Post、G. R. Morrow 两家为甚。

相较之下, 法译本不仅更为信实, 而且文本分析之精审细致也远在英译本之上。较早的法译本即上文提到的苏依耶的希法对照本, 后有若班 (Léon Robin) 在苏依耶的基础上推陈出新 (*Platon, Oeuvres Complète II*, Paris: Gallimard, 1950), 稍后的布里松主持新的柏拉图法文全集, 贡献了一部最新的西文译本 (*Platon: Letters*, Paris, 1987)。布里松列出了自文艺复兴以来的所有译本和研究文献, 译文紧扣原文, 注释精要, 最具参考价值。

数量最多的还是德译本, 且从上世纪二三十年代起就不断有新译本问世。先后有：

O. Apelt, *Platons Briefe*, Leipzig, 1918, 1921 年第二版;

W. Andreae, *Platons Staatschriften I: Briefe*, Jena, 1923;

E. Howald, *Die Briefe Platons*, Zürich, 1923, 1951 年第二版;

H. Gomperz, *Platons Selbstbiographie*, Berlin/Leipzig, 1928;

H. Weinstock, *Platon Die Briefe*, Stuggart, 1947;

W. Neumann / J. Kerschensteiner, *Platon Briefe*, München, 1967;

D. Kurz, *Platon Werke V: Phaidros, Parmenides, Briefe*, Darmstadt, 1983。[1]

---

[1] 收入希德对照版八卷本柏拉图全集第五卷, 此全集主要采用施莱尔马赫的译本, 但施氏未译书简, 由 D. Kurz 补译。

2006年，Rainer Knab 出版了单行的《书简七》译本（*Platons Siebter Brief*，Georg Olms Verlag，共337页），该译本含希腊原文校勘、翻译、注疏三个部分，内容闳富。

本译稿以伯奈特校勘的希腊文本为底本，同时对照苏依耶本、摩尔—布伦特本，限于语言能力，翻译时仅参考英法文译本，译文注释亦主要采自各英译本与法译本，间下己意，另撰"题解"扼要说明各篇书简的内容、结构和真伪问题。译文有任何不当之处，祈请方家指正。

附：译本及文献名缩写表

所参译本缩写：

B 本 = Luc Brisson, *Platon: Letters*, Paris, 1987.

Bu 本 = R. G. Bury, *Plato: Letters*, London, 1929.

H 本 = J. Harward, *The Platonic Epistles*, Cambridge, 1932.

M 本 = G. R. Morrow, *Plato's Epistles*, The Library of Liberal Arts, 1962.

P 本 = L. A. Post, *Thirteen Epistles of Plato*, Oxford, 1925.

S 本 = J. Souilhé, *Platon Oeuvres Complètes XIII.1: Lettres*, Paris: Les Belles Lettres, 1926.

注释所涉文献缩写：

CAF = *Comicorum Atticorum Fragmenta*, Th. Kock 编, Leipzig, 1880—1888。

DK = *Die Fragmente der Vorsokratiker*, H. Diels 编；第六版，W. Kranz 编, Berlin, 1951—1952。

FGrH = *Die Fragmente der Griechischen Historiker*, F. Jacoby 编, Berlin / Leiden, 1923—1958。

L. S. J. = *Liddell-Scott-Jones Greek-English Lexicon*。

PMG = *Poetae Melici Graeci*, D. L. Page 编, Oxford, 1962。

TGF = *Tragicorum Graecorum Fragmenta*, A. Nauck 编, 第二版（B. Snell 增补), Hildesheim, 1964。

TrGF = *Tragicorum Graecorum Fragmenta*, Göttingen, 1971—1977（卷一, B. Snell 编, 1971；卷二, R. Kannicht / B. Snell 编, 1981；卷三, S. Radt 编, 1985；卷四, S. Radt 编, 1977）。

PLG = *Poetae Lyrici Graeci*, Th. Bergk 编, Lipsiae, 1843。

书 简 一

[题解] 这封信非常简短，其场景约是在柏拉图最后一次从西西里回到雅典之后（公元前360年左右）。作者称，他在西西里奉公尽责，护卫"你们的城邦"，如今却遭到你们的驱逐，因此他愤懑不平地写下了这封绝交信。他首先表达了对"你们"（309a-b，一说是指柏拉图的敌对者，一说是狄奥尼修斯父子两人）的不满，之后突然切入对"你"的抱怨，声称狄奥尼修斯所给的盘缠太少，不予接受，准备托人归还（309c-d），结尾时又援引诗人们的诗句预言了僭主的悲剧命运——在孤独中悲惨地死去（309d以下）。

此信言辞尖刻，语调夸张，内文对诗人们的不明引用不仅显得突兀，更无端增添了几分戏剧性。除了这些典型的修辞特征外，信中的一些内容与其他书简也多有不符，比如：作者声称自己担任过你们城邦的"全权将领"（αὐτοκράτωρ，309d），而实际上柏拉图从未在叙拉古获得过这样的权力和地位；也没有任何材料显示柏拉图曾被叙拉古的政敌驱逐过；狄奥尼修斯所给的盘缠不足的说法也与《书简七》（350b）提到的狄奥尼修斯的慷慨相龃龉。出于这些因素，《书简一》向来被视为绝对的伪作，或为修辞学家的托名作品，或为后人根据传说杜撰而成。尽管所有的抄件都将之列为柏拉图的书信，斐奇诺还是认为作者是狄翁，此后有些编本（如施塔包姆［Stallbaum］）也取此种做法。但第二十四封苏格拉底派书简的作者了解这封信，而且认为是柏拉图写的。即便是坚信如格罗特（George Grote）、诺沃特尼（F. Novotný）者，在承认十二封书简的真实性时，依然否认《书简一》。从布里松所列的图表来看，自文艺复兴以来的研究者中，只有一人承认《书简一》为真作。

柏拉图祝狄奥尼修斯万事顺遂！

［309a］我在你们身边待了这么长时间，① 在治理（διοικῶν）你们的邦国（ἀρχήν）时② 是所有人里面最受信任的，你们获得了益处，我却忍受着那些恼人的诽谤；③ 因为我知道，没有人会认为你们那些更为残暴的行径［a5］得到了我的同意；因为，所有那些和你们共同治邦的人［309b］都可以为我做证，我曾和他们中的大多数人并肩战斗，解救他们脱离并不小的伤害。④ 我曾多次作为全权将领⑤ 保卫你们的城邦，却被如此无礼地打发走了，即便是一个乞丐，你们也不该这样赶走他，［b5］喝令他乘船离

---

① ［译注］διατρίψας παρ' ὑμῖν χρόνον τοσοῦτον［我在你们身边待了这么长的时间］：309b5-6 重复了这一句式。

② ［B 本注］此事未必属实，因其与《书简七》329c 以及《书简三》316a 矛盾。

③ ［B 本注］可能暗指《书简七》350a，参见《书简三》315c-316b。

④ ［B 本注］可能暗指《书简七》348a-349c 所述之事。

⑤ ［H 本注］αὐτοκράτωρ［全权将领］与叙拉古内政密切相关。格隆（Gelon）、老狄奥尼修斯、小狄奥尼修斯、狄翁、阿加托克雷（Agathokles）都曾担任 στρατηγὸς αὐτοκράτωρ［军事全权将领］，这个头衔用于称呼任何职位高于 Ekklesia［公民大会］之上的人。参见《书简八》353b3。

开,如果他曾在你们身边待了这么长时间的话。

所以,今后我要以更加远离世人的方式(τρόπον ἀπανϑρωπότερον)① 来为我自己考虑,而你,② "身为这样一个僭主,将孤独地生活"。③ 至于那块光彩夺目的黄金,[309c] 也就是你给我作盘缠的东西,递送这封书简的巴科基奥斯(Βακχεῖος)④ 会带给你。因为它既不够我旅途的开销,对我今后的生活也没什么用处,何况它会带给你这位给予者莫大的坏名声,带给我这位接受者的坏名声也少不到哪儿去,[c5] 因此我不会接受。不过,对你而言,是接受还是给予这样一笔钱,显然没任何区别。所以

---

① [H本注] ἀπ-άνϑρωπον 有"非人的"或"远离人的"两重意思,普鲁塔克(《狄翁传》7)用到此词,取前一层意思。后一层意思见于埃斯库罗斯,《被缚的普罗米修斯》行20;苏格拉底派书简(Socratic Epistles),第24封。ἀπ-άνϑρωπος τρόπος 可以用来描绘提蒙(Timon)那类人的性格。这能够解释一个奇怪的传言,这一传言说,柏拉图本人在从叙拉古回来后,有段时间性情变得像提蒙。

[B本注] 传闻柏拉图最后一次回到雅典后,变成了厌人者,或至少成了厌人者提蒙(Timon le misanthrope)的朋友或邻居(第欧根尼·拉尔修,《名哲言行录》III. 28, 40;托名亚里士多德,《问题篇》XXX.1, 953a27;苏格拉底派书简,第24封,奥林匹奥多茹斯[Olympiodorus],《〈阿尔喀比亚德前篇〉注疏》2.147;《佚名著〈柏拉图哲学引言〉》[Anonymous Prolegomena to Platonic Philosophy] 4.14–17)。这样一种态度与苏格拉底临死前对朋友和弟子们的建议(《斐多》89d–90a)相反。

② [Bu本注] 注意第二段中的"你"指狄奥尼修斯一个人,而第一段中的"你们"包括了狄奥尼修斯的随从。

③ [B本注] 可能暗指《书简七》331d 以下。这里可能涉及一段三音节的抑扬格诗(TrGF II, F 346c, Kannicht-Snell)。

④ [M本注] 巴科基奥斯未见于他处。柏拉图说的是否是《书简七》350b 提到的盘缠,如果他归还了的话?

呢,你还是收回去,去关心(θεράπευσον)①你的同伴中的另一位吧,就像当初关心我一样。因为我本人［309d］已经受够了你的关心。我现在援引欧里庇得斯(Εὐριπίδος)的话正是时候:当各种变故某天一起落到你头上——

你会祈求这样一个男人在你身边。②

［d5］为此我还想提醒你,其他悲剧诗人在引入僭主被杀的一幕时,大多数都会让僭主呼喊:

［310a］我没有朋友,惨呐,我完蛋了!③

但是,从来没有［悲剧诗人］让［僭主］因为缺少金子而完蛋。下面这首诗,"那些有理智的人觉得并不坏":④

---

① ［译注］θεραπεύω意思很多,如"服侍""敬奉""照料""治疗",贬义作"献殷勤""奉承""巴结"。

② ［B本注］不知出自欧里庇得斯的哪部作品。参见 Nauck,《古希腊悲剧残篇》(*Trag. Frag*),条956。

［译注］《王制》第八卷讨论了四种政制,末尾讨论僭主政制,苏格拉底插入了一段简短的"题外话",他提到悲剧诗人素有智慧之名,而且赞美僭主政治,尤其是欧里庇得斯,因为他说过"与智慧者为友的僭主是智慧的",他还和其他诗人称颂僭主"有如神明"(《特洛亚妇女》,行1169),他们会周游其他城邦,利用舞台表演使当地的政制转向僭主制和民主制(568a-c)。

③ ［B本注］出处不明。参见 *TrGF* II, F 347, Kannicht-Snell。

④ ［B本注］这句话可能涉及一段三音节的抑扬格诗。参见 *TrGF* II, F 347a, Kannicht-Snell。

最珍稀的不是金灿灿的黄金,

在有死者们没有希望的生活中;

[a5] 也不是钻石,或银锻的卧榻,尽管它

在人面前受到检验时耀眼夺目;

拥有广袤沃土的大地产出累累果实,却也不如

[a10] 好男人们相通的理智（ἀγαϑῶν ἀνδρῶν νόησις）那样自足（αὐτάκεις）。①

[310b] 再会了,你要认识到你在多少事情上错过了我们,②这样,你才会更好地对待其他人。

---

① [B本注] 一首抒情诗,作者不明。参见 *PMG*, n. 988 Page。
[S本注] *PLG*, Fr. Adespota, n.138 Bergk。
② [译注] διημαρτηκώς 是 δι-αμαρτάνω 的完成时分词,意为"走岔、错过、失败、落空"。P本、M本和Bu本译作"你在我这里蒙受了巨大的损失",H本认为这句话的意思是"你如此地偏离于我",即完全不能理解我。

书 简 二

[题解]狄奥尼修斯派信使阿尔基德莫斯到雅典,向柏拉图传达了以下内容:(1)要求柏拉图约束自己的朋友们,不得诋毁狄奥尼修斯(310b–d);(2)询问柏拉图与狄奥尼修斯之间的关系应当是怎样的(310d–312c);(3)狄奥尼修斯所画的"球"是否正确(312d);(4)请柏拉图阐明"一"的自然(312d–314c);(5)一些个人性的事务(314c–315a)。

《书简二》是柏拉图的回复,拟由阿尔基德莫斯带回给狄奥尼修斯。柏拉图一一回应了狄奥尼修斯的问题,并着重阐述了两点:(1)智慧与强权自然地要结合为一,但两人的关系现在并不融洽,今后狄奥尼修斯只有首先荣耀柏拉图,才会获得更大的荣耀;(2)"一""万物之王"以及柏拉图哲学的奇特之处。贯穿全信的主题则是"你我应该如何对待彼此"(310d6–7,312b3–4,313c7)。这封书简几乎不涉及现实政治,狄奥尼修斯似乎也从一个僭主变成了颇具哲学天分和热情的研习者,赢得柏拉图的赞赏,于是柏拉图不吝以"谜语"向他解释了"一"和"万物之王"等问题。《书简二》具有浓厚的哲学意味,这令它成为《书简七》之外最受关注的书简。

信中提到奥林匹亚（310d），成为推断写作时间的重要依据。《书简七》中提到柏拉图与狄翁在奥林匹亚的相会（350b），时在柏拉图最后一次从西西里返回雅典的途中，即公元前360年。因此，有人认为这封信写于公元前360年后，即柏拉图最后一次西西里之行之后。但是，很难想象柏拉图与狄奥尼修斯彻底决裂之后还会再通信。因此，信中提到的奥林匹亚可能不是公元前360年的赛会，而是公元前364年的赛会（尽管没有证据表明柏拉图参加了当年的赛会），这封信应该是写于柏拉图两次西西里之行之间的某个时段（公元前364—前361年间）。但柏拉图在《书简七》中明确说，狄奥尼修斯在他第一次到西西里期间拒绝接受他的任何哲学教诲（330b，338d，e），唯有在他第二次到西西里期间，他才给狄奥尼修斯讲过一次哲学（345a）。倘若《书简二》写于柏拉图第二次到西西里之前，信中涉及的哲学内容（312d）以及"花园中的月桂树下"的谈话（313a）就不可思议了。学者们就公元前360年和前364年各执一词，未详孰是。这反过来令人怀疑，这封信的作者并非柏拉图，但这位作伪者会是谁呢？一种颇有说服力的意见认为，是公元前一世纪前后的某位新毕达哥拉斯派的传人（参见 B 本页 82—83）。原因有三。其一，信中所出现的 *ἀκουσματα*（314a3）一词未见于任何柏拉图对话，而且此词原本专指毕达哥拉斯派的学说；其二，信中以"谜语"（312d8）来解释"一"的自然，而在公元元年前后，"谜语"意味着毕达哥拉斯派的言说方式；其三，关于"一""二""三"的学说未见于柏拉图对话，却可以在毕达哥拉斯派学说中找到对应：毕达哥拉斯派以"三"来界定整全，此信中所说的三种等级可能源于毕达哥拉斯派"开头—中段—结尾"的三段式。由于这封书信的"毕达哥拉斯色彩"，后世的新柏拉图主义者对其多有解释。无论如何，《书简二》揭示了柏拉图令人惊讶的一个面相。

柏拉图祝狄奥尼修斯万事顺遂！

听阿尔基德莫斯（Ἀρχεδήμος）①说，②你认为不仅我应该对你的事［b5］保持沉默，③而且我的朋友们也不应该做任何损害你的事，说任何损害你的话；你只把狄翁（Δίων）［310c］排除在外。④"狄翁除外"这句话表示，我并不统治我的朋友们。因为，如果当初我这样统治其他人以及你和狄翁的话，那对我们所有人和其他希腊人会更好得多，［c5］正如我所宣称的那样。而今，我的大能⑤仅限于让我自己遵行我的教诲（λόγος）。⑥我说这些，是因为克拉提斯托鲁斯（Κρατιστόλος）和波吕克塞努斯

---

① ［B本注］在《书简二》中，阿尔基德莫斯充当了狄奥尼修斯与柏拉图的中间人（310b, 312d, 313d, e）。阿尔基德莫斯是阿尔基塔斯的一位弟子，是柏拉图最为看重的西西里人之一（《书简七》339a），所以狄奥尼修斯派他到柏拉图那里，请求柏拉图重回叙拉古（《书简七》339a-b）。此外，狄奥尼修斯要求柏拉图搬出宫中的花园后，柏拉图住到了阿尔基德莫斯家中（《书简七》349d）。在《书简三》中，阿尔基德莫斯是柏拉图与狄奥尼修斯在宫中花园最后一次交谈的见证人（319a）。

② ［译注］ἤκουσα Ἀρχεδήμου［听阿尔基德莫斯说］，比较《书简十》开头：ἀκούω Δίωνος［我听狄翁说］。

③ ［译注］ἡσυχίαν ἄγειν［保持沉默］，见《书简七》331d4：ἡσυχίαν ἄγοντα［静默下来］。

④ ［Bu本注］参见《书简七》347c。

⑤ ［H本注］在《法义》732a，μέγας 表示"一个拥有高贵理想的人"。这里的意思很可能是"强大的"，就如在悲剧中的意思，见欧里庇得斯，《美狄亚》549，《特洛亚妇女》669。

⑥ ［Bu本注］句法与《法义》835c非常相似（μόνος 代替了 μέγας）。

(Πολυξένος)① 告诉你的完全不可靠，据说［310d］其中一位说，他在奥林匹亚②听到我身边的许多人说你坏话：或许他的耳朵比我敏锐，因为我本人并没听到这些。今后，一旦有人就我们中间的谁再说这类话，我觉得你应该这么做:［d5］送信前来向我询问。因为我会实话实说，③既不会犹豫，也不会难为情。

你我彼此之间的关系碰巧是下面这样的。④可以说，没有一个希腊人不知道我俩，［310e］而且我俩的交往（συνουσία）也不是什么秘密。⑤但你不要忘了，[我俩的交往] 将来也不会是秘

---

① ［H 本注］克拉提斯托鲁斯其人不详。《书简十三》360c 表明，波吕克塞努斯是麦加拉学派（Megarian）的卜吕颂（Bryson）的学生，也是赫里孔的老师之一。从下文 314c 对他的提及看，他可能是带着柏拉图的举荐信去西西里的。他是麦加拉学派的代表人物之一，发明了理式（εἶδη）学说的反对者们所采用的 τρίτος ἄνθρωπος [第三人] 论证。柏拉图在《帕默尼德》以及别处使用了这一论证，似乎认为这一论证对理式学说的反驳是成立的。可以推断，波吕克塞努斯在狄奥尼修斯宫中颇有地位，并启发了狄奥尼修斯对柏拉图的一些批评。苏格拉底派书简（第 35、36 封）也提到他，并暗示了相似的立场。他可能到访奥林匹亚赛会，如果他有机会加入狄奥尼修斯所派出的队伍的话。

② ［B 本注］可能是指公元前 360 年柏拉图与狄翁在奥林匹亚赛会上的相遇（《书简七》350b-d）。这里的口吻与那里一致。

［Bu 本注］应该是公元前 364 年的奥林匹亚赛会，而不是《书简七》350b 所说的公元前 360 年的赛会。

③ ［译注］τἀληθῆ λέγειν [实话实说]，见《书简七》339a3。

④ ［译注］ἐμοὶ καὶ σοὶ τὰ πρὸς ἀλλήλους οὑτωσὶ τυγχάνει ἔχοντα [你我彼此之间的关系碰巧是下面这样的]，下文两次说到狄奥尼修斯写信向柏拉图提出的这个问题，参见 312b3-4：πῶς χρὴ ἔχειν ἐμὲ καὶ σὲ πρὸς ἀλλήλους [我和你应该如何对待彼此]，313c7：ὅπως δεῖ πρὸς ἀλλήλους ἡμᾶς ἔχειν [我们应该如何对待彼此]。

⑤ ［译注］σιγᾶται 意为"保持沉默"，这里是说"我俩的交往"并不

密：听闻①［我俩的交往］的人已是如此之多，因为［我俩的交往］既不短暂，也并不低调。可我现在说的是什么意思呢？我要从头开始讲起。②

［e5］依据自然，睿智和强权要结合为一，两者永远在相互追逐、相互寻求和相互聚合。③此外，人们既乐于自己谈论它们，也乐于听别人在私人谈话（ἰδίαις συνουσίαις）或［311a］诗歌中（ποιήσεσιν）④［谈论它们］。比方说，当人们谈论希耶罗（Ἱέρων）和拉刻岱蒙的泡萨尼阿斯（Παυσανίας）时，就乐于提到他们与西蒙尼德斯（Σιμωνίδης）的交往，说西蒙尼德斯对他们都做过什么和说过什么。⑤人们习惯于一并颂赞科林斯的佩里安

是什么秘密，受人谈论且允许人谈论。此词亦见于310e2，311c2。

① ［译注］παραδεδεγμένοι εἰσίν 是 παραδέχομαι 的现在完成时，παραδέχομαι 表示"接纳、承认"（admit, accept），也表示"接收，（从某人那里）得知"（receive）。尽管很多人"接收"柏拉图与狄奥尼修斯的关系，却未必"接受"，这里译为"听闻"，是为突出口耳相传的意象。

② ［译注］ἄνωθεν ἀρξάμενος：ἄνωθεν 意为"从开始的时候"，ἀρξάμενος 意为"开始"，H本译作 beginning at the beginning。参见《斐勒布》44d9：ἀρχομένους ποθὲν ἄνωθεν［从开始的某个地方开始］。

③ ［H本注］有人指责作者借用了《书简七》335d。但两个段落没有任何共同之处，除了都出现 δύναμις μεγάλη［强权］和 φρόνησις［睿智］之外。和《王制》473d、《法义》711c一样，《书简七》335d的意思是说，除了权力和智慧联合，否则没有政治拯救的希望。这里的意思是，权力和智慧有一种要结合的自然倾向，这在历史和诗歌中都有展现。

④ ［译注］B本把这里的"私人谈话"译作"散文"（prose），并解释说，这一不寻常的翻译是基于柏拉图笔下散文与诗歌的区别，如《王制》366e，《斐德若》258d，《法义》890a，《智术师》232c。

⑤ ［B本注］诗人西蒙尼德斯（约公元前556—前468年）晚年客居于叙拉古僭主希耶罗的宫廷，歌颂希耶罗的功绩。色诺芬的《希耶罗》就

德斯（Περίανδρος）[a5]与米利都的泰勒斯（Θαλῆς），① 以及伯里克勒斯（Περικλῆς）与阿纳克萨戈拉（Ἀναξαγόρα），② 智慧者科洛伊苏斯（Κροῖσος）、梭仑（Σόλων）与掌权者居鲁士。③ 正是仿照这些例子，诗人们把克瑞翁（Κρέων）与[311b]忒瑞西阿斯（Τειρεσίας）、④ 波吕艾都斯（Πολύειδος）与米诺斯（Μίνως）、⑤

是希耶罗与西蒙尼德斯之间的一场对话。西蒙尼德斯在希波战争期间与泡萨尼阿斯结成朋友，泡萨尼阿斯是拉刻岱蒙的摄政，指挥了对波斯人的普拉提亚之战（公元前479年9月）。

① [译注] 佩里安德斯（约公元前625—前585年），科林斯僭主。米利都的泰勒斯，第一位伊奥尼亚哲人。两人均属古希腊的七贤。不过，柏拉图在这里把佩里安德斯视为政治领袖，而不是七贤之一（同见《王制》336a，《普罗塔戈拉》343a）。米利都的泰勒斯则代表智慧者。

② [B本注] 伯里克勒斯（约公元前495—前429年）曾邀请克拉佐美奈的阿纳克萨戈拉（约公元前500—前428年）来雅典。阿纳克萨戈拉在雅典待了三十年，由于他的庇护人失势，他逃到了兰普萨库斯（Lampsacus），以躲避指控他不虔敬的人们（第欧根尼·拉尔修，《名哲言行录》II. 7；普鲁塔克，《伯里克勒斯传》32.2；参见《斐德若》270a，《苏格拉底的申辩》26d）。

③ [译注] 科洛伊苏斯是吕底亚（Lydia）的最后一位王，吕底亚于公元前546年被居鲁士征服。希罗多德《原史》I. 29-33记录了梭仑与在位的科洛伊苏斯之间的一场对话。在《原史》I. 155-157，科洛伊苏斯曾向居鲁士谏言；在《原史》III.36，科洛伊苏斯曾向居鲁士和冈比西斯谏言，当时的科洛伊苏斯已被废黜（《王制》566c）。品达的《皮托凯歌》（*Pythian Odes*, I.94）赞美了科洛伊苏斯的美德和智慧：οὐ φθίνει Κροίσου φιλόφρων ἀρετά [科洛伊苏斯的亲善的美德永不消歇]。科洛伊苏斯在这里有双重身份，他在与梭伦的交谈中是统治者，在与居鲁士的交谈中是智慧者。

④ [B本注] 忒瑞西阿斯是忒拜王室的预言者，索福克勒斯的《安提戈涅》刻画了他与克瑞翁的关系。

⑤ [B本注] 波吕艾都斯是米诺斯宫中的预言者，曾使米诺斯的儿子格劳科斯（Glaukos）死而复生。索福克勒斯（*TrGF* IV, F 389a-400 Radt）和欧里庇得斯（*TGF* n. 634-646 Nauck²）曾讲述过这位预言者的历险，但剧

阿伽门农（Ἀγαμέμνων）与涅斯托尔（Νέστωρ）、奥德修斯（Ὀδυσσεύς）和帕拉默德斯（Παλαμήδης）①撮合在一起——在我看来，原初的人们就是这样把普罗米修斯与宙斯撮合在一起的。②诗人们咏唱这些人，说他们有些彼此争执，有些[b5]彼此结下友爱，还有些这时结下友爱而那时陷入争执，在这些问题上一致而在那些问题上不和。我说这一切是想要[311c]表明，在我们死后，那些关于我们本人的言谈（λόγοι）并不会止息。因此，必须要留意这些言谈。看起来，我们必须要为将来操心，因为依照某种自然，那些[c5]最具奴性的人③完全不考虑将来，而那些最端正的人④所做的一切都是为了将来会受人称颂。此外，我把这看作一个证据，证明死者对世上的事有某种知觉（αἴσθησις）。⑤因为那些最好的[311d]灵魂预见到这一情形，而那些最邪恶的灵魂却予以否认，而且那些属神的男人们的

作仅余残篇。

①[B本注]在《伊利亚特》中，涅斯托尔、奥德修斯和帕拉默德斯三人类似于阿伽门农的"谋士"。在《斐德若》（261b-c）中，苏格拉底逐个提到三人的名字，以他们作为掌握修辞技巧的典范。

②[B本注]普罗米修斯创造了最初的人，并把火种给予人，他向宙斯启示了一个非常古老的预言：宙斯与忒提斯所生的孩子将比宙斯更强大，并将废黜宙斯（埃斯库罗斯，《被缚的普罗米修斯》行908-927）。关于普罗米修斯与宙斯的关系，另见柏拉图笔下普罗塔戈拉的神话（《普罗塔戈拉》320c-322d，尤其321b以下）。

③[译注]ἀνδραποδώδης[奴性的人]，亦见《书简七》335b5：ἀνδραποδώδη[奴性的快乐]。

④[译注]ἐπιεικής意为"合适的""宽厚的""正直的""高尚的"。下文311e2出现此词。

⑤[B本注]同样的观点亦见于《苏格拉底的申辩》40c以下，《墨涅克塞努斯》248b以下，《法义》972a以下。

预见要比那些不属神的［男人们］的预见更权威。

我本人认为，如果我说到的从前这些人有可能矫正他们之间的交往，他们会极其［d5］热切地去做，以便人们比如今更好地谈论自己。①多亏神呵，②如果我俩之前的交往中发生过什么不愉快，我俩还有可能通过行动和言辞来加以矫正。因为我本人认为，［311e］如果我们自身端正，关于哲学的真实意见和言辞将会更好；③而如果我们自身卑劣，结果就恰恰相反。实际上，我们所做的事情不会有比关心这一点更为敬神的了，也不会有比忽视这一点更不敬神的了。④

至于这应该如何实现，［e5］如何公正地［实现］，⑤我要说一说。我来到西西里的时候，我在那些从事哲学的人里面享有极高的名望，［312a］我之所以到叙拉古，是想拉你作为共同的见证人，以便哲学可以因我在大多数人那里得到荣耀。⑥但结果并不如我所愿。个中原因并不像大多数人会说的那样，而是因为：

---

① ［Bu本注］关于死后的名声，见《会饮》208c以下。

② ［H本注］σὺν θεῷ εἰπεῖν［多亏神］：柏拉图晚年好用这一短语，见《法义》858b，《泰阿泰德》151b，《书简四》320b, c。

③ ［译注］多数译本将此句译为"人们会更好地看待和谈论哲学"。

④ ［H本注］敬神（εὐσέβεια）在此等同于理智生活，正如《蒂迈欧》47b，《法义》967d，《法义附言》(Epinomis) 989，990。

⑤ ［译注］τὸ δίκαιον ᾗ ἔχει，照应312b2的ὁ δίκαιον。

⑥ ［Bu本注］这完全不是柏拉图的态度，对比《王制》493e以下，314a以下。

［H本注］在《书简七》328e，狄翁呼求柏拉图拯救被大多数人所菲薄的哲学。柏拉图的态度与那里是一样的。这里并没有暗示πλῆθος［多数人］要成为哲人，与否认这一可能性的《王制》494a并无不合。这里的意思是说，如果哲学得到一个强大的统治者的支持，就会获得它应有的权利。

你表现得并不太信任我,而是设法[a5]把我打发走,请其他人过来,你还调查我的事是什么,①因为你不信任我,在我看来。许多人为此大声喧嚷,说你[312b]瞧不起我,②而是专注于别的[事情]。这些话都已流传开来。

至于此后怎么做才算公正,你且听着,我正好要回答你所问的问题:我和你应当怎样对待彼此。如果你完全瞧不起哲学,[b5]那你就无需理会;如果你从其他人那里听到了或者自己发现了比从我这里[听到的]更好的[学说],那你就要荣耀它们。③但如果我们的[学说]令你满意,你就应该最大地荣耀我。④所以现在,就像从一开始那样,你若引领,我将跟随。因

---

① [译注] *τὸ πρᾶγμα τί τὸ ἐμόν ἐστιν* [我的事是什么],参见《苏格拉底的申辩》20c5,《会饮》217c6。

[H本注] 柏拉图用的 *πρᾶγμα* 有时具有哲学意味,参见《书简七》340b8。这里表示"我的立场"或"我的观点"。312b1 的 *ἄλλα ἐσπούδακας* [专注于别的] 指其他哲学观点,而不是指其他职业或事情。

② [译注] *καταφρονέω* [蔑视],亦见 312b4,以及《书简七》338e7-339a1, 339a4。

③ [H本注] 这里所说的其他老师无疑是 314c 提到的波吕克赛努斯、吕科普丰和"其他人",其中很可能包括埃斯基涅斯(Aischines of Sphettos)以及阿里斯提普斯(Aristippos of Kyrene),其中阿里斯提普斯的影响最为重要。

[Bu本注] 狄奥尼修斯作为一位哲人,参见《书简七》345b;狄奥尼修斯与柏拉图之间的荣誉与耻辱,参见《书简七》345c, 350c。

④ [H本注] 这一段落或许暗示了哈利卡纳苏斯的狄奥尼修斯(Dionysios of Halicarnassos)对柏拉图爱荣誉(*φιλοτιμία*)的指控(*Ep. ad Pomp.* 756)。第欧根尼·拉尔修所保存的那些故事表明,柏拉图常常被指控为 *τῦφος* [狂妄自大],这一指控可能源于众所周知的他举止上的 *σεμνότης* [傲慢]。

为，若我［312c］受到你的荣耀，我就会荣耀你；若我没有受到荣耀，我也就会静默不言。此外，若你荣耀我，并率先这样做，你会被认为是荣耀了哲学；你也考察过其他人，这一事实本身会带给你好名声，让许多人认为你是哲人。但是，［c5］若你不荣耀我，而我荣耀你，我就会被认为是贪慕和追求钱财，我们知道，这样的行为在所有人那里都没有好名声。① 总而言之，若你荣耀我，我俩都会得到声誉，［312d］而若我荣耀你，我俩都会得到耻辱。对此就说这些。

那个球不太对。② 等阿尔基德莫斯到了，他会向你阐明。此外，关于那个问题——比这个［球］更有价值也更神圣的问题，他无论如何也［d5］必须阐明，因为你为之困惑不解地派他前来。据他说，关于"第一者"的性质，③ 你说你觉得并没得到充

---

① ［B本注］即 φιλοχρήματος［爱钱财］的名声，参见《书简七》335b。
② ［H本注］σφαιρίον［球］可能是一个模型，用以说明球体的几何学或星球的运动。西塞罗（《论共和国》I.14.21）描写了两种模型，由阿基美德斯（Archimedes，公元前287—前212年）制作，并由玛塞鲁斯（Marcellus）引入罗马。这两种模型依据欧多克索斯（Eudoxos）的同心星球学说，展现了太阳、月亮和五颗行星的运动。狄奥尼修斯的"球"可能是用以说明相同的理论，只不过不大成功：普鲁塔克暗示说他擅长制作玩具和模型。阿尔基德莫斯无疑会把这一模型带回去，指出它的缺陷。
［B本注］《蒂迈欧》提到一种展现天体运行轨道的模型（40d），并将十二面体与整全即宇宙所构成的圆联系起来（55c）。《斐多》结尾说（110b），在古代，有人用十二块皮子缝成球体，外形是五边形，构成一个十二面体。此外，还要考虑《书简十三》363d1 提到的与狄奥尼修斯"一同玩球的人"（συσφαιριστής）：作者不是在说一种运动，而是指对宇宙的研究，更具体地说是对天体的研究。
③ ［译注］τὸ πρῶτον［第一］照应 312e3-4 出现的 δεύτερον-τὰ δεύτερα［第二］和 τρίτον - τὰ τρίτα［第三］，只不过 δεύτερον 和 τρίτον 均未加冠词。

分的论证。我必须以谜语向你解释,① 万一这块字板"在海上或陆上的层层叠叠中遭遇不测",②[312e]读到它的人就不会明白。那个问题是这样的。万物都与万物之王（ὁ πάντων βασιλεύς）有关,③ 万物都是因为它［而存在］,而且它是所有美的事物的原因。

　　[Bu 本注] 这一表达参见《法义》886c：ἡ πρώτη φύσις [第一种自然]。
　　[H 本注] 安德瑞艾（W. Andreae）把 τὸ πρῶτον [第一者] 解释为灵魂，并援引《法义》卷十的论证证明灵魂优于身体（W. Andreae, Die philosophischen Probleme in Platonischen Briefen, *Philologus* LXXVIII, 1923）。
　　① [B 本注] 在公元元年前后（这封信可能写于彼时），通过谜语言说，也就是更加毕达哥拉斯化的言说。譬如，在一部名为《论毕达哥拉斯派的象征》的著作中，作者 Androcydes（公元前一世纪的新毕达哥拉斯派）把毕达哥拉斯派的"学说"（ἀκούσματα）称作"谜语"（参见 W. Burkert,《古代毕达哥拉斯主义中的知识与科学》[*Lore and Science in Ancient Pythagoreanism*], Harvard, 1972, 页 174；普洛克罗,《柏拉图的神学》[*Théologie platonicienne*] 卷二的导言, H. –D. Saffrey 和 L. Westerink 编译, Paris, 1974, 页 XXII–XXXIII, 尤其页 XXII 注 2）。这说明，归之于毕达哥拉斯的学说是"隐密的"，即允许双重的解释，更深刻的层面是为一小部分人保留的，所以这些学说也被称为"象征"（σύμβολα）（W. Burkert, 前揭, 页 166 以下）。动词 αἰνίττομαι [说谜语] 出现于《书简七》332d，但意思和语境完全不同。
　　② [H 本注] 柏拉图的这句话引用了一部佚失悲剧的残篇。πτυχαῖς [层、折页] 的用法，见索福克勒斯,《俄狄浦斯王》行 1026：ἐν Κιθαιρῶνος πτυχαῖς [在基泰戎峡谷]；欧里庇得斯,《海伦》行 44：ἐν πτυχαῖσιν αἰθέρος [空气层]。不确定 δέλτος 一词是否也是引用；但不管怎样，此词带有诗意色彩，并不能由此推断这封信写于蜡板之上。
　　[译注] 柏拉图在这里以 δέλτος 代替了常用的 ἐπιστολή [信]，δέλτος 的意思是写字板、书信、诗作、法典等。
　　③ [H 本注] 对"王"的解释有三种可能：（1）"善的理念"，《王制》509d 说它 βασιλεύειν νοητοῦ γένους τε καὶ τόπου [统治着可被思维的那类东西及其领域]；（2）《蒂迈欧》中的创世者，参见《蒂迈欧》28c3, 37c7, 41a7,

"第二者"是关于第二等东西的,"第三者"是关于第三等东西的(δεύτερον περὶ τὰ δεύτερα, καὶ τρίτον περὶ τὰ τρίτα)。① 关于这些,人的灵魂渴望[e5]学习它们是什么样的(ποῖα),② 它凝视着那些与[灵魂]自身有亲缘性的东西,其中[313a]无一是完满的。关于王以及我说到的这些,则完全不是这样的——接下来灵魂会说——"那么,它们是什么样的呢(ποῖόν τι)?"老狄奥尼修斯和多里斯(Δωρίς)③的儿啊,所有恶的事物的原因就在于这个问题,④ 毋宁说,在于[a5]灵魂中产生的关于这一问题的阵痛,⑤ 如果谁不能消除这种阵痛,他就永远不会真正达致真理。

《法义》904a把创世者称作"王",《蒂迈欧》30a7解释了"所有美的事物的原因";(3)Νοῦς[理智],正如《斐勒布》28c7。

① [B本注]对于这一神秘段落的解释,参见普洛克罗,《柏拉图的神学》卷二的导言,H.–D. Saffrey和L. Westerink编译,Paris, 1974,页XX–LIX。

[H本注]这些句子成了亚历山大里亚学派(Schools of Alexandria)的老生常谈,并被基督徒解释为对"三位一体"说的预表。参见亚历山大的克雷芒(Clement of Alexandria),《杂记》(*Stromateis*)V. 598d,《劝勉异教徒》(*Admonitio ad Gentiles*)45c;阿忒纳戈哈斯(Athenagoras),《基督教之前的使节》(*Legatio pro Christianis*)26a。

② [H本注]ποῖ' ἄττα,见313a3:ποῖόν τι。《书简七》的哲学离题话指出,τὸ ποῖόν τι[属性]与τὸ ὄν[存在者]或τὸ τί[是什么]容易混淆,是学习者遇到的主要困难。

③ [M本注]罗克里的多里斯(Doris of Locri),老狄奥尼修斯的两位妻子之一。

④ [译注]τοῦτο[这个]在这一段反复出现,见313a3, a5, a6, b1, b3, b4, b5, b6的αὐτοῦ,以及b7的ἄττει, c1的τὸ δὲ οὐδὲν ἐστιν τοιοῦτον[它根本不是这样的]。

⑤ [译注]ὠδίς指分娩的阵痛,精神或爱情中的剧烈痛苦、苦恼,经过苦思冥想孕育出来的东西。

[B本注]暗指《泰阿泰德》151a–d,苏格拉底自比为灵魂的助产士

在花园中的月桂树下,^①你曾亲自对我说,你已经想明白了这个问题,[313b] 而且是你自己的发现。^② 而我说,如果你觉得这一问题是这样的,那就使我免了许多口舌。^③ 不过,我说,我还从未遇到发现这一点的其他人,而且我可是为这一问题付出了许多努力。你 [b5] 或许听某人讲过,也可能是由于神意而撞上了这一问题,之后,你认为自己牢固掌握了对它的那些证明,没有拴住它们,^④ 结果这一问题绕着表象($περὶ\ τὸ\ φανταζόμενον$)时而这样、时而那样冲向你,^⑤ [313c] 尽管它根本不是这样的。^⑥ 这一情形不只发生在你身上,你要知道,但凡初次听我讲的人无不从一开始就这样,只不过有的人遇到的困难多些,有的人少些,但都难以摆脱,[c5] 几乎没谁只遇到了一丁点儿困难。

鉴于已经发生的这些和当前的状况,在我看来,我们近乎已经发现了你来信 [所问问题的答案]:我们应该如何对待彼此。因为,你检验我的学说——跟其他人交往,将我的学说 [313d] 与其他人的学说相对照,并考察我的学说本身的内容——如果这

(另见《会饮》206c 以下)。

① [H 本注]"花园"是柏拉图与狄奥尼修斯谈话之所,见《书简三》319a,《书简七》348c。柏拉图自己也曾住在花园里。

② [B 本注] 参见《书简七》341c,345a–b。

③ [Bu 本注] 这一表达类似于《泰阿泰德》188c。

④ [H 本注] $κατέδησας$ [拴住],参见《美诺》98a:在正确的意见能够成为知识之前,必须要将之系起来拴住。

⑤ [译注] 此处各抄件略有差异,伯奈特校为 $ᾄττει\ σοι$ [冲向你],苏依耶校为 $ᾄττουσι$ [它们猛冲]。

⑥ [B 本注] 诸多文本问题使得这一段难以翻译。段落大意同于《美诺》97d–98a,《游叙弗伦》11b–e,《高尔吉亚》508e–509a,《王制》533c–d。真正的知识的特征在于稳定不变。

一检验是真实的,这些学说现在就会生长(προσφύσεται)在你身上,你也会与它们和我们亲如家人(οικεῖος)。怎样才能实现这些以及我们所说的一切呢?你这次派阿尔基德莫斯前来是正确之举,至于今后,[d5] 等他回到你那里,把我的话转告给你,之后你兴许还会碰到其他困惑。你要再次派——若你能正确考虑的话——阿尔基德莫斯到我这儿,而他会像个商贩那样① 再次返回。如果你这么做两次或三次,[313e] 并充分检验我送去的话,要是当前令你困惑的东西没有变得跟现在截然不同,我会惊讶不已。所以,你们放心地这样做吧!因为,你所能派遣的,或阿尔基德莫斯所能贩运的,没有比这样的货物更美、[314a] 更讨神喜爱了。

但你要当心,千万别让这些话传到没有教养的人们那里。② 因为在我看来,对于多数人而言,听到的③ 几乎没什么比这些话

---

① [H本注] 313d7 及 e4 的 ἐμπορεύομαι 表示商贩的旅行。谚语 λόγοισιν Ἑρμόδωρος ἐμπορεύεται 说的就是,柏拉图的学生赫尔墨多如斯(Hermodoros)在西西里贩卖柏拉图的著作。

[B本注]《智术师》223d 对 ἐμπορία [商贸] 有这样的定义:"通过买卖,从一个城邦到另一个城邦来交换货物。"

② [译注] 此句对应 314b6-7。两处均出现动词 ἐκπίπτω [掉落],意译为"流传",另见 314c1。

[Bu本注] 带有毕达哥拉斯派的色彩。参见贺拉斯: odi profanum volgus et arceo [我憎恶那些渎神的庸众,并抛弃他们]。

③ [译注] ἄκουσμα,源于动词 ἀκούω [听],表示听到的东西(比如音乐)、传闻、消息、还特别指毕达哥拉斯学派的学说,因为毕达哥拉斯派都是口头教导(杨布利柯 [Iamblichus],《毕达哥拉斯传》18.82.)。多数译者将此词译为"学说"。

[H本注] 在确为柏拉图真迹的任何对话中,并没出现 ἄκουσμα。但第欧根尼·拉尔修(III. 39)引用过柏拉图的一句话:ἀεὶ εἶναι ἥδιστον ἀκουσμάτων τὴν ἀλήθειαν [在听到的东西里面,真理永远是令人愉快的]。

更荒唐可笑了,但对那些禀赋好的人(εὐφυεῖς)而言,① 听到的也几乎没什么比这些话更奇妙、更充满[a5]神的启示了。经过经常言说和反复倾听,经过许多年,在付出许多努力之后,它们才会像金子一样艰难地得到纯化。② 至于其中所发生的奇妙之处,你且听着。很多人听过这些话,他们善于[314b]学习,也善于记忆,能够在各方面彻底地检验以做出判断,他们已经年老,而且听了不下三十年,③ 他们现在都说:那些曾经被认为最不可信的,现在却显得最可信和最清楚,而那些[b5]曾经被认为最可信的,现在却显得恰恰相反。你要注意这些,当心不要什么时候因为现在不当地流传的东西懊悔。④ 最大的保险⑤是不写作而是用心记(ἐκμανϑάνειν)。[314c]因为写下来的东西不可能不流传开来。正因为此,我本人从未就这些内容写过什么。没有柏拉图的著作(σύγγραμμα),也根本不会有,⑥ 现在那些所谓的[柏拉图的著作]属于变得美和年轻的苏格拉底。⑦ 再会吧,[c5]

---

① [B本注]参见《书简七》343d-e。

② [B本注]以火练金的意象,呼应动词 βασανίζω[用试金石摩擦金子、试验真假](313b, c, e)以及名词 βάσανος[试金石、检验](313d)所传达的"试金石"的意象。可能是暗指《书简八》355c,另见《王制》503a、《治邦者》303d-e。

③ [B本注]暗指《王制》540a:哲人只有经过三十年的准备阶段,才能适于施行权力。另见《王制》537b以下。

[Bu本注]这就把柏拉图的教导拉回到了公元前393年,亦即他建立学园前五年或六年,这似乎并不可能。

④ [B本注]参见《书简七》344d-e。

⑤ [B本注]参见《书简十二》359e。

⑥ [B本注]参见《书简七》341c。

⑦ [B本注]"美和年轻的苏格拉底"非常难以解释。他是指柏拉图的

要听从我，反复读过这封信后，首先立即就烧掉它。①

对此就说这些。② 对于波吕克塞努斯，你对我会派他到你那里 [314d] 有些诧异。[对于他，] 对于吕科普丰（Λυκόφρων）③ 以及你身边的其他人，我现在和我之前说的一样：就论辩（τὸ διαλέχϑηναι）而言，你在禀赋和言说的方法上都远远超过他们；而且，他们没有一个情愿 [d5] 受到驳斥——就像有些人所认为的那样——而都是不情愿的。不过，你对他们的态度和赠予看起来已经非常适中了。对于他们这样的人，说这些已经太多了。[314e] 至于斐利斯提翁（Φιλιστίων），④ 如果你要任用他，那就

老师还是小苏格拉底？据《会饮》（215a 以下）阿尔喀比亚德的描述，我们不能相信一个美的苏格拉底。关于小苏格拉底，我们所知甚少。他是泰阿泰德的同学和朋友（《泰阿泰德》147c–d），在《智术师》中是沉默的在场者，在《治邦者》中（从 258a 起）代替泰阿泰德成为对话者。

[H 本注] 这只是说，不能把柏拉图对话看作是柏拉图本人的教诲，而看作是对苏格拉底的谈话理想化的呈现。

① [H 本注] 不能认为这一命令与 312d 提到的蜡板相矛盾。如果 312d 是一处引用，就没有必要认为这封信写在蜡板上。也有可能的是，柏拉图保存了这封信的手稿，成为我们今天所拥有的文本。有人认为，这一命令暗示这封信写在莎草纸上，所以一定是亚历山大里亚的某个伪作者后出的作品。但是，莎草纸在柏拉图的时代已经用来作为写信的材料。

[B 本注] 在书简体文学中，除此之外，仅有另外一处有这样的命令：圣奥古斯丁（《上帝之城》VIII. 5）提到的一封实为伪作的亚历山大大帝致母亲奥林匹亚（Olympias）的信。

② [H 本注] ταῦτα μὲν ταύτῃ [对此就说这些]，这一表达参见 318d1，e4，360e3，《法义》676a1；普鲁塔克，《德摩斯提尼传》4。

③ [B 本注] 可能是亚里士多德所提到的一位智术师，见亚里士多德，《政治学》1280b10，《形而上学》1045b10。

④ [H 本注] 斐利斯提翁是当时意大利最著名的自然学家之一，出生于南意大利的罗克里，当地受狄奥尼修斯统治。这时他显然是狄奥尼修斯宫

放心任用,但如果可以的话,把他借给斯彪西普斯($Σπεύσιππος$)用,①并派他过来。斯彪西普斯也向你这样请求。斐利斯提翁答应我,如果你派他来,他会非常乐意来雅典。你释放来自采石场的那个人,②[e5]这事做得好,而[他]就他的家人和阿里斯通($Ἀρίστων$)之子赫吉西普斯($Ἡγησίππος$)提出的请求,也容易办到。因为你来信[315a]对我说,若是有人对他或这些人行不义,你一旦得知,便绝不会容许。对于吕西克雷德斯($Λυσικλείδος$),我也应该实话实说。因为,在那些从西西里来到雅典的人中,唯有他没有对你与我的交往改变任何看法,他始终[a5]对所发生的事情说好话,以图使之更好。

廷中的自然学家,可能希望能造访雅典。如果他来过雅典,他可能就是喜剧作家爱匹克拉底(Epicrates)所描绘的那位在学园中讲授自然学的西西里自然学家(参见阿忒奈乌斯[Athenaeus],《哲人燕谈录》[*Deipnosophistae*] II.59d;T. Kock,《阿提卡喜剧家残篇》[*Fragments Atticorum Comicorum*],Leipzig,1880—1888,Epicrates Fr. 11)。

① [B本注]斯彪西普斯是柏拉图的侄子,后来继任为学园领袖。如果他向狄奥尼修斯请求让斐利斯提翁来雅典,应该是出于学问研究的安排,而不是因为健康问题,两封苏格拉底派书简(35 Hercher=33 Köhler;36 Hercher=34 Köhler)和第欧根尼·拉尔修(IV.3)告诉我们,斯彪西普斯身体非常不好。

② [H本注]此人以及下面提到的人物不详何人。采石场是用来作为监狱的地下采石场。

书 简 三

[题解]《书简三》的主题和结构非常清晰。柏拉图先就问候语 χαίρειν[快乐]展开一段训诫（315a-c），然后说到狄奥尼修斯对自己的诽谤（315c-e）——狄奥尼修斯声称，他原本要施行殖民西西里的希腊城邦以及把僭政转变成王政的政治谋划，柏拉图却劝阻他这么做，并转而教导狄翁积极施行这些谋划；柏拉图继而说到自己先前在叙拉古期间遭受的诽谤（315b-316a）：有人声称，叙拉古政事上的变故都是因为柏拉图插手导致的。柏拉图在此做出了双重的申辩：首先反驳先前的诽谤，申明自己并未和狄奥尼修斯共同主持政事（316c-318e）；其次反驳狄奥尼修斯现在对他的诽谤，申明自己并未劝阻狄奥尼修斯施行他的那些政治谋划（318e-319e）。

为了反驳先前的诽谤，柏拉图讲述了他两次到西西里的缘由和经过，内容与《书简七》多有重叠，但也有不尽一致之处。针对狄奥尼修斯当前的诽谤，柏拉图叙述了他在离开叙拉古的二十天前与狄奥尼修斯的一场谈话，以证明狄奥尼修斯对他的指控纯属污蔑，柏拉图最后要求狄奥尼修斯收回谎言，作一首"悔罪诗"。《书简三》可谓是柏拉图的"申辩"，其结构与对话《苏格拉底的申辩》也有些类似。这篇"申辩"像是一封公开性的书信，旨在向希腊世界辩明柏拉图与狄奥尼修斯在政治上的关系,因而完全不涉及哲学。

鉴于《书简二》说到了柏拉图的两次西西里之行,其写作时间无疑是在柏拉图第二次西西里之行之后(公元前360年),并且是在狄翁征讨西西里获胜之前(公元前357年)。由于其内容与《书简七》多有重叠,许多人认为其确为柏拉图所作,但也有许多人怀疑其真伪,认为是后人依据《书简七》的记述并模仿《卡尔米德》《苏格拉底的申辩》等对话而作。

"柏拉图祝狄奥尼修斯快乐($\chi\alpha i\varrho\epsilon\iota\nu$)!"① 我这么写,该是[315b] 碰巧找对了最佳的问候语吧?或者,我不如按照我个人的习惯写上"万事顺遂",正如我在给朋友们的书信中通常致意的方式?因为,据当时亲眼见到的人们讲,② 你用这句问候语来讨

---

① [译注] $\chi\alpha i\varrho\epsilon\iota\nu$ 是古希腊人日常问候语,也是书信开头常用问候语。色诺芬《居鲁士的教育》(4.5.26–34)中所辑录的居鲁士的书信、《名哲言行录》中所辑录的伊璧鸠鲁的三封书信均以之为问候语。

[H本注] 这一开头在一封公开信中是合适的。柏拉图之前与狄奥尼修斯有通信,如果这是一封私信的话,柏拉图无需为他常用的问候语说明理由。这一问候语,见卢奇安(Lucian),《论问候语之失》(De Lapsu in Salutate)第四章。

[M本注] 比较《卡尔米德》164e:苏格拉底解释说,德尔斐铭文"认识你自己"是神对其崇拜者们的问候,这一问候语代替了日常的 $\chi\alpha i\varrho\epsilon\iota\nu$。

② [H本注] 狄翁在西西里旗开得胜之后,狄奥尼修斯可能派人去德尔斐求问神谕。这里也可能是指皮托赛会(Pythian festival),雅典和狄奥尼修斯都会派代表参加,倘若如此,那就是公元前358年的赛会。

[B本注] 动词 $\vartheta\epsilon\omega\varrho\epsilon\omega$ [观看] 在书简中仅出现过另外一次,即《书简七》350b,指参加奥林匹亚赛会。或许这里指参加皮托赛会,皮托赛会的重要性仅次于奥林匹亚赛会,每四年举行一次,这里可能是指公元前358年的赛会。

好［b5］德尔斐的那位神，据说，你还写过：

> 快乐吧（χαῖρε），并且当使僭主的生活快活始终（ἡδόμενον）。①

［315c］至于我，在招呼一个凡人时——更别说一位神了，我绝不愿命令他这么做。就神而言，我会违背自然地强求于神，因为神性（τὸ θεῖον）远远居于快乐和痛苦之上；②就人而言，快乐和痛苦通常会带来伤害，［c5］在灵魂中产生迟钝、遗忘、愚蠢和狂妄。③关于问候语，我就这样说这些。至于你，当你读完这封信，你愿意怎样接受就怎样接受吧。

有不少人声称，你对去你那里的使者中的一些人说：［315d］有一次，当我听到你说你打算殖民西西里的希腊城邦，并且要减轻叙拉古人［之苦］，把统治从僭政转变成王政，④我当时劝阻你做这些，［d5］如你所声称的那样，尽管你满腔热情；而今，我却教导狄翁做同样这些事，而且我们试图借由你的这些构想来［315e］夺取你的统治。你是否从这些话得到了什么益处，你自己清楚，但无论如何，你对我行了不义，因为你说的与事实截然

---

① ［B本注］这一祈求有着德尔斐风格的有意含混，这是因为χαίρειν一词的含混。这一祈求应该是在祈求阿波罗的庇护，但书信的作者解释说，狄奥尼修斯祈求阿波罗给予他一种快乐的生活，χαίρειν可以指"以……为乐""找到自己的快乐"。

② ［B本注］同样的观点见于《斐勒布》33b，《法义附言》985a。

③ ［B本注］呼应《蒂迈欧》86b–87b。

④ ［B本注］参见《书简七》331d以下，《书简八》354a以下。下文参见《书简七》333a以下。

相反。

我已经受够了斐利斯提德斯（Φιλιστίδης）[1]和其他许多人在雇佣兵面前以及在叙拉古 [e5] 民众中间的诽谤，这都是因为我待在卫城里面；[2]而城外那些人呢，一旦出了什么差错，他们就完全归咎于我，说你对我言听计从。你自己知道得最清楚，[316a] 最开始的时候，我自愿和你共主[3]一点政事——当时我还认为会成就点什么——但我适度地严肃从事的只是一些琐事以及关于一些法律的序言，[4]其中不包括你或别的人所添加的内容。因为我听

---

[1] ［B本注］斐利斯提德斯很可能就是斐利斯图斯（Philistos）。雅典人不加区别地使用简名与父名。在阿里斯托芬的《云》里，同一个人先被称作斐多尼德斯（行65），后被称作斐多（行134）。斐利斯图斯很富有，是老狄奥尼修斯最忠诚的属下，也是老狄奥尼修斯的史官，但之后受到流放，狄翁的敌对者说服小狄奥尼修斯把他召回（普鲁塔克，《狄翁传》11.4–7）。

[2] ［B本注］可能指《书简七》中的两个细节：1. 狄奥尼修斯强使柏拉图住进卫城（329e，第一次西西里之行；349c，第二次西西里之行）；2. 在第二次西西里之行末尾，狄奥尼修斯要求柏拉图搬出卫城，与雇佣兵为邻，雇佣兵对柏拉图怀有恶意（350a）。

［S本注］据《书简七》（348a，b），在雇佣兵谋反时，狄奥尼修斯还是把柏拉图留在卫城中。《书简七》也提到了轻甲兵对柏拉图的敌意和威胁，但没说明原因（350a）。普鲁塔克说（《狄翁传》19），轻甲兵指责柏拉图催促狄奥尼修斯放弃僭政，解散雇佣兵。

[3] ［译注］κοινῇ πραγματεύομαι［共同从事］，参见 316b4: κοινωνεῖν περὶ τὰ τῆς πόλεως πράγματα［共主城邦事务］，316d4: πολιτικῶν κοινωνία［政事上的合作］，318d2: περὶ τὰ πολιτικὰ κοινωνία［政事上的来往］，e5: ἀκοινωνία［不相来往］。

[4] ［B本注］"关于一些法律的序言"（τὰ περὶ τῶν νόμων προοίμια），参见《法义》718c 以下。下文似乎是对《书简七》341b 所谓狄奥尼修斯的"写作"的解释。据《书简三》，狄奥尼修斯写的不是一篇"形而上学"论文，而是一部法典。

说，之后［a5］你们里头有些人修改过这些序言；不过，对于能够明辨我的性情①的人们来说，［我写的和你们改的］是显而易见的。但是，就如我刚刚说的，我不再需要在叙拉古人面前的诽谤，而倘若你说的那些使其他某些人信服的话，我需要的毋宁是［316b］一场申辩，［反驳］先前所发生的诽谤，以及随之而来的现在愈益过分和恶毒的诽谤。②对于这两者，我必须做出双重的申辩：首先要辩明，我有理由避免和你共主［b5］城邦事务；其次要辩明，我并没有像你说的那样建议过你、阻挠过你——［你说，］当你打算殖民那些希腊［316c］城邦时，我却成了你的绊脚石。所以，你且首先听听我所说的先前的诽谤的缘起吧。

当初我来到叙拉古，是受你和狄翁的召请。③狄翁受过我的检验，早就成为我的异乡朋友，［c5］而且他的年岁已经成熟而

［M本注］在《法义》719以下，柏拉图认为，有能力的立法者在应对自由的公民时，会使用命令以及说服，而且会以劝诫和解释作为他的"法律的序言"。

［H本注］狄奥尼修斯曾在陶若美尼翁（Tauromenion）以及雷吉翁（Rhegion）地区的佛伊比亚（Phoibia）建立殖民地，柏拉图为之作序言的法律或许就是为这些殖民地立的法律。建立这些殖民地，就是狄奥尼修斯责备柏拉图劝阻他所采取的行动。陶若美尼翁重建于公元前358年，时在狄翁远征前不久，柏拉图或许听说了草拟法律之事。在《法义》722d以下，柏拉图强调这样的序言非常重要，可以作为教化公众意见的手段。鉴于未来希腊城邦的重建，柏拉图应该拟下序言，以备将来之用。他的这些工作可能启示了他晚年致力于写作的伟大对话《法义》。

① ［M本注］或作"能够认出我的风格"。
② ［B本注］模仿《苏格拉底的申辩》18d以下。
③ ［B本注］参见《书简七》327c–329b。这里说的是公元前367/6年的第一次西西里之行。

沉静①——［这些品质］是但凡稍有点理智的人必须具备的，若是他们想要就你当时手中那样重要的事务出谋划策。你却极为年轻，你对那些需要有经验的东西［316d］非常没经验，②而且我完全不了解你。此后，要么是人，要么是神，要么是某种机运，③和你一道流放了狄翁，留下你独自一人。④难道你认为，我当时在政事上跟你有合作吗，当我失去了我神清智明的同道，［d5］看到留下来的是个被众多恶人围绕的糊涂虫——他自认为在统治，但他并没有统治，而是被这类人统治着？在这些情形下，我应该做什么呢？岂不必定是做我所做的事情吗——一方面，从今往后［316e］远离政事，留心那些出于妒忌的诽谤，另一方面，尽全力试图使你们彼此成为尽可能亲密的朋友，尽管你们彼此分离并且不和？你本人可以为此作证：我为这一目标努力，［e5］从未松懈过。不过，我俩仍旧勉强达成约定：［317a］我要出海返乡，因为你们深陷战事；⑤等和平到来，我和狄翁要来叙拉古，而你会召请我们。我第一次出外到叙拉古以及我［a5］平安回家的经过就是这样。

等和平到来，你第二次召请我，⑥可你并没有遵守约定，而是

---

① ［M本注］狄翁当时约40岁，狄奥尼修斯约25岁。

［B本注］狄翁当时约42岁，狄奥尼修斯约30岁。

② ［H本注］ἀπειρίας περὶ σέ：这不是说柏拉图对狄奥尼修斯没有经验，下一句话才表达了这一意思。这里是柏拉图对περί的曲折用法之一，表示"你这方缺少经验"。

③ ［M本注］属人事物是神意、技艺和机运的混合，这一学说常见于柏拉图晚期对话。参见《法义》709b,《书简八》353b。

④ ［B本注］参见《书简七》329c。

⑤ ［B本注］参见《书简七》338a。

⑥ ［H本注］更详细的叙述，见《书简七》337e以下。应该注意，《书

写信让我独自前来，并说你之后会派人去请狄翁。正因为此，我没有来，结果当时激起了狄翁的怨恨。① 因为他认为，[317b] 我去并听从你是最好的。一年后，来了一艘三层桨的船，还有你的几封信，② 这些信的开头都写着说，如果我来，狄翁的一切事就能照 [b5] 我的心意办，可如果我不来，那就会事与愿违。③ 我真不好意思说，当时你和为你[说项]的其他人[317c]从意大利和西西里来了多少封信，并送给了我的多少位家人和熟人——这些信全都奉劝我去，并请求我无论如何要听从你。以狄翁为首的所有人都觉得，我应该出海，不要[c5]丧气。④ 然而，我以年纪为由来推托他们，⑤ 并坚称你抵抗不住那些诽谤我们、想让我们为敌的人。因为我当时看到，就如我现在看到的那样，不论是平民还是君主拥有数额巨大、过多的财产，通常来说，[317d] 财产越多，它所滋生的诽谤者、以卑鄙手段追求快乐的党徒就越多越可怕。财富和其他权力（ἡ ἄλλης ἐξουσίας δύναμις）所产生的恶，没有比这更大的了。⑥

尽管如此，我还是抛开[d5]这一切来了，我当时的考虑

简三》完全没有提到狄奥尼修斯的哲学研究，而《书简七》完全没有提到柏拉图为了促成狄翁和狄奥尼修斯结合所提出的方案。

① [B 本注] 参见《书简七》338c。
② [B 本注] 参见《书简七》339a-b。
③ [B 本注] 参见《书简七》339c。
④ [B 本注] 参见《书简七》329b。
⑤ [B 本注] 参见《书简七》338c。时在公元前 361/0 年，柏拉图已 67 岁。
⑥ [M 本注] 这一段落富有柏拉图的特征。类似的插叙参见《书简七》325d, 326a, c, 328b, 334a, 344d。类似观点参见《王制》559d 以下。

是，不能让我的任何一位朋友怪罪我说，由于我的怠慢，①他们的 [317e] 一切 [计划] 原本可以不落空，结果却破灭了。等我到了——当然，你知道此后所发生的一切——按照你信中的约定，我当然要求你首先召回狄翁，把他当作自己人。我指出了这一结合，②如果你 [e5] 当时听从我接受和解，对于你和叙拉古人以及其他希腊人而言，结果兴许会好过现在所发生的状况，就如我的意见所预示的那样。其次，我要求狄翁的 [财产] 由他的家人掌管，[318a] 不能分配给那些获得分配的人，也就是你知道的那些人。③此外，我认为每年按惯例要交给狄翁的 [收益] 应该送过去更多一些，而不能变少，既然有我坐镇的话。④这些要求无一实现，[a5] 我便要求离开。此后，你劝说我再待一年，声称你会变卖狄翁的所有财产，其中一半送到科林斯去，⑤另一半留给狄翁的 [318b] 孩子。⑥我可以说说你有多少空口许

---

① [B本注] 参见《书简七》338b–340a。

② [H本注] οἰκειότης [亲戚/朋友/婚姻关系]：柏拉图可能提出让狄翁与狄奥尼修斯两家联姻，正如狄奥尼修斯一世当初与希普帕西努斯一家联姻一样。

③ [B本注] 这里的说法与《书简七》所言（346a–d，347c–e）并不一致，但与普鲁塔克的说法一致（《狄翁传》18.1）。

[S本注] 据《书简七》（345c, d），狄翁财产的管理者想要把收益送交给狄翁，但狄奥尼修斯却加以阻挠，试图以狄翁儿子监护人的身份取代这些管理者。《书简三》与《书简七》所言不尽相合。

④ [B本注] 与《书简七》所言（345c–d）并不一致。

⑤ [B本注] 科林斯是叙拉古的宗主国，叙拉古的流放者们通常会在科林斯避难。

⑥ [H本注] 在346a–d 和347c–d，事件的先后次序稍有不同。将狄翁的财产分成两份的提议是后来提出的，而不是在狄奥尼修斯试图说服柏拉图再待一年的时候。

诺，但因为太多了，我就简略些吧。你变卖了所有财产，没有得到狄翁的同意，尽管你声称未经他同意你不会售卖。令人惊叹的家伙啊（θαυμάσιε），你由此以最为放肆的方式为你的所有许诺 [b5] 添上了最后一笔。因为，你设计了一个伎俩——这一伎俩既不高贵也不巧妙，既不正义也无益——试图吓跑我，① 以便我不会寻求 [318c]〔让你〕归还这些财产，尽管我并不清楚当时所发生的事。因为，在你流放赫拉克雷德斯（Ἡρακλείδης）的时候，② 不论是叙拉古人还是我都不认为是正义的，由于我和忒奥多特斯（Θεοδότης）、欧律比奥斯（Εὐρύβιος）③ 一起请求你不要这么做，你便以此作为充足的理由，说你早就 [c5] 看出我根本不为你着想，而是为狄翁以及狄翁的朋友和家人们着想，还说既然忒奥多特斯和赫拉克雷德斯现在受到指控，而他们是狄翁的家人，[318d] 我便竭尽所能不要他们受到处罚。④

我与你"在政事上的合作"（πολιτικὰ κοινωνία）就是这些。如果你看到我对你还有任何其他疏远，你便应当设想，所有这些都是出于相同的理由。你别惊讶！[d5] 因为，任何有理智的男人都会公正地觉得我是个坏人，如果我慑服于你广大的统治，背叛那位因你而遭逢厄运的老朋友和异乡人——可以这么说，他一

---

① [B本注] 参见《书简七》348a；动词 ἐκφοβέω [使害怕] 解释了狩猎用词 ἀνασοβέω [使逃跑] 的意思。

② [B本注] 关于赫拉克雷德斯，参见《书简七》348b-e 及相关注释。这里说到他的"流放"，相比于《书简七》中的说法，与普鲁塔克的记述更为一致（《狄翁传》32.3）。

③ [B本注] 这两个人物参见《书简七》348e-349b。

④ [译注] 这一段应是指《书简七》（348e-349c）所记述的柏拉图与狄奥尼修斯的最后一次会面。

点也不比你差——[318e]却选择你这个行不义者,做你所命令的一切,这显然是为了钱。因为,没人会说我的改变有其他什么原因,如果我变了的话。所发生的这些事情就是这样,[e5]因为你,它们造成了我与你之间的"狼的友爱"(λυκοφιλία)①以及不相来往。

我下面要说的传闻(λόγος)几乎紧跟着我刚刚说的[传闻]而来,我说过我必须就它做第二轮申辩。②[319a]你要注意并要全神贯注,倘若你觉得我是在说谎而没有实话实说的话。我肯定地说,当阿尔基德莫斯(Ἀρχεδήμος)和阿里斯托克利图斯(Ἀριστοκρίτος)③也在花园中时,大概是在我从叙拉古启程前二十天,你就像你现在[a5]所说的那样抱怨我,说我关心赫拉克雷德斯和其他所有人超过关心你。④当着这些人的面,你质问我

---

① [B本注]可能暗指《王制》566a,那里将僭主比喻为狼。

[Bu本注]意为"争执"。参见《王制》566a,《斐德若》241c, d;《法义》906d。

[H本注]在安东尼(Marcus Antonius)之前,λυκοφιλία一词未见于他处,但相应的形容词和副词出现于米南德(Menander)的作品中,名词可能也在使用;这里影射狼与羊之间的协议。

② [B本注]参见315d, 316b-c。

③ [译注]阿尔基德莫斯,参见《书简二》363b。阿里斯托克利图斯,另见于《书简十三》363d。

④ [B本注]这一记述显然是受《书简七》(348c-e)所记述的柏拉图与狄奥尼修斯的倒数第二次会面启发。尽管情节框架类似,但在场人物变成了阿尔基德莫斯和阿里斯托克利图斯。柏拉图参加了公元前360年8月的奥林匹亚赛会(《书简七》350b),如果柏拉图与狄奥尼修斯的最后一次会面是在每年6月份举行的佩尔塞福涅节之前不久(《书简七》349c-d),考虑到柏拉图路上所花的时间,可以推定,在这最后一次会面与柏拉图启程之间剩有"二十天"。伪作者注意到了这一细节,但颠倒了两次会面的次序。

是否记得，在我一开始来的时候，我命令你［319b］殖民那些希腊城邦。我承认我记得，并说我现在依旧认为这么做最好。狄奥尼修斯啊，接下来所说的内容也必须［在此］说一说。因为我问你，我究竟只向你建议（συμβουλεύσαιμι）了这一点，［b5］抑或还有别的什么。你极其愤怒和傲慢地回答了我，正如你所期望的——因为你当时的傲慢，梦现在成了现实；① 你［319c］讪笑着说，如果我记得不错的话："我要先受教育，之后你再命令我做或者不做这一切。" 我说，你记得真是清楚。你说："莫非是受几何学（γεωμετρεῖν）的教育，② 还是什么？"之后，我并没有说出已到嘴边的话，［c5］因为我担心，就为了一小句话，我所期望的返航之路会由宽阔而变得狭窄。③

可我为了什么说这一切呢？切勿诽谤我，说我不许你殖民那些被蛮族人毁灭的希腊城邦，［319d］也不许你减轻叙拉古人［之苦］，把僭政转变为王政。因为你所能诬告我的［罪名］没有比这些更不与我匹配的了。④ 如果哪儿有一场卓绝的审判的话，

---

① ［Bu 本注］似乎是说，柏拉图的教育计划受到狄奥尼修斯的嘲笑，却促成了狄翁的成功——"哲人王"之梦在狄翁身上实现了。

［B 本注］可能是说，由于其所受的教育，狄翁现在能够实现当初显得是一个梦的计划：殖民被蛮族人所毁坏的西西里的希腊城邦。

② ［译注］γεωμετρεῖν 意为"测量土地"，泛指"测量"，由此演变的名词 γεωμετρία 意为"几何学"。

［B 本注］暗指柏拉图第二次到叙拉古时，在狄奥尼修斯宫中所授几何学课程（普鲁塔克，《狄翁传》13.4）。

［H 本注］在柏拉图书信中，只有这里暗示了普鲁塔克着墨甚多的几何学课程（普鲁塔克，《狄翁传》13）。

③ ［H 本注］这句话可能出自某部已佚失的悲剧。

④ ［B 本注］柏拉图在此将《书简七》（325b-c）中用于苏格拉底的

除了我说的这些，[d5] 我还可以给出更为确实的证辞来反驳说：我曾命令你 [做这些]，但你却不愿意做。这些计划如果得到践行，对你和叙拉古人以及所有西西里人都是最好的，[319e] 要清楚地说明这一点根本并不难。但是，伙计啊，① 如果你否认说过你所说的这些话，我甘愿受罚；② 而如果你承认，你接下来应该相信斯忒西科若斯（Στησίχορος）是智慧的，模仿他的悔罪诗，收回谎言，[e5] 改说真话。③

表达用到了自己身上。

① [译注] ὦ τᾶν [伙计啊] 这一呼语在柏拉图对话中仅见于《苏格拉底的申辩》25c。

② [B本注] ἔχω τὴν δίκην 的意思含混：可以译成"我得到了满足""我赢了我的案子"（《王制》520b；希罗多德，《原史》I. 45），或译成"我得到了惩罚""我罪有应得"（《王制》529c；安提丰 [Antiphon] III. 4, 9）。这一含混源于 δίκη 的多义：本义为"正义"，转义为"宣判"，即可能有利也可能不利的"审判"。

[H本注] 参见《王制》529c：δίκην, ἔφη, ἔχω· ὀρθῶς γάρ μοι ἐπέπληξας [我应受惩罚，你责骂我是对的]。这里的意思是，"我因为相信你这个说谎者而应受惩罚"。

③ [B本注] 斯忒西科若斯是西西里诗人（约公元前 632/629—前 556/553 年），据柏拉图《斐德若》243a–b，他因为在诗中诋毁海伦，被夺去了视力。不过，他作了一首悔罪诗，说明不是海伦而是海伦的幻影（参见《王制》586c）引起了希腊人与特洛亚人的战争，由此他恢复了视力。荷马因为没有作悔罪诗，终生是盲者。

书 简 四

[题解] 据古典学家们推算,柏拉图是在公元前360年从西西里返回雅典,此后,流亡在外的狄翁经三年筹备,于公元前357年集结雇佣军征讨狄奥尼修斯。短短三个月,狄翁就推翻了狄奥尼修斯的统治,威震整个希腊世界,但他此后一直纠缠于叙拉古旧制倾覆后的内乱,直到公元前354年被杀。作为柏拉图致狄翁的唯一一封书简,《书简四》很可能写于公元前357至354年间,开头说到的"所发生的那些行动"或许就是指狄翁发动的西西里远征。

柏拉图听闻了狄翁的胜利,也听闻了狄翁与赫拉克雷德斯、忒奥多特斯等人之间的不和(320e);他感到狄翁的事业很有希望成功,但他也深怀担忧。柏拉图为此致信狄翁,一方面激励狄翁继续推进他的行动,追求他应得的伟大名声,另一方面则告诫狄翁节制自己的"爱荣誉之心"(φιλοτιμία),以免因为与赫拉克雷德斯等人的冲突而使事业毁于一旦,结尾时他又警醒狄翁当心"刚愎自用",勿忘取悦于众人。这番劝诫既展示了狄翁的性格,也预示着狄翁被杀的命运。

《书简四》中的柏拉图热烈支持狄翁的行动,这与《书简七》中柏拉图的中立态度(350c-d)恰恰相反。这一点成为其真伪受到怀疑的主要理由,李特(C. Ritter)就认为其作者是斯彪西普斯。

柏拉图祝叙拉古人狄翁万事顺遂！

［320a］我觉得，对于所发生的那些行动，① 我一直以来的热望显而易见，② 而且我也非常急切地［期盼］这些行动的告结。这更多地出于对高贵之物③的爱荣誉之心，④ 而不是出于别的什么。［320b］因为我认为，那些的确有能力⑤且如此行事的人理当得到相应的名声。⑥

---

① ［Bu 本注］指公元前 357 年（可能在此之后）狄翁在西西里的军事行动。

［译注］πρᾶξις 指 "行动"，也可以指 "军事行动" "战斗"。

② ［译注］对比《书简七》350c-d。柏拉图的"热望"很可能是反讽。

［S 本注］显然指柏拉图一直以来给予狄翁的精神帮助，他以自己的建议和教诲支持狄翁改革西西里的计划。

③ ［Bu 本注］指狄翁进行西西里政治改革的计划。

④ ［译注］φιλοτιμία 意为 "爱荣誉的" "好胜的" "有抱负的"。另见 320e3。

⑤ ［译注］ἐπιεικεῖς 意为 "合适的" "正派的" "有能力的"，另见《书简二》311c5-6, e2（译为 "端正的"）。这里的词义含混，可以作 "端正的"，也可以作 "有能力的"，鉴于信中 "爱荣誉"（φιλοτιμία）主题，译作 "有能力的" 似乎更贴切，但要注意，"能力" 离不开 "端正"，"如此行事" 便是 "有能力地行事" 或 "端正地行事"，具体而言，可能就是指下文所说的 "真实" "公正" "威严" 和 "优雅得体"。在柏拉图对话中，此词用法见《王制》347c6, 409a8, 489b5, 568a5, 605c7,《普罗塔戈拉》348e3,《泰阿泰德》143d6（英译多作 decent）。

⑥ ［H 本注］柏拉图的《法义》中有法律规定，要给予出众的将领荣誉。荣誉是这样的人得到报偿的方式（921e）。另见《法义》727a 以及《书简二》312b7。

多亏了神，①当前的［行动］进展得很顺利，但最重大的竞赛②还没到来。因为，在勇敢、［b5］速度和力量上的出众，③看起来其他人也可以达到，而在真实、公正、威严④［320c］以及在所有这些［品质］上的优雅得体（εὐσχημοσύνη）上的出众，谁都会赞同说，那些努力寻求荣耀这类［品质］的人当然超越其他人。⑤我现今说的意思很清楚，但我们还是需要提醒自己记得，［c5］那些人——你一定知道他们⑥——应当超越其他人，远胜于［大人］超越孩童。⑦因此，我们必须清楚地表明，我们就是我

---

① ［B本注］σὺν θεῷ εἰπεῖν［多亏神］：同样的表达见于320c7和《书简二》311d6。

② ［译注］ἀγών［竞赛］，亦可解为"斗争、战斗"。参见321a3：ἀγωνιστής［竞赛者们］，a6：ἀγωνίζεσθε［展开竞赛］。

③ ［译注］διαφέρειν［出众、超过、优于］呼应"竞赛"。另见320c2，c5，d8。

④ ［译注］μεγαλο-πρέπεια，指人的一种品质，字面意思是"与一个大人物相适宜或相匹配的东西"。在柏拉图对话中，此词见于《王制》402c3，486a8，490c10，494b2，536a3，561a1，以及《默涅克塞诺斯》（*Menexenus*）74a5，88a8，英译多作 magnificence。

⑤ ［M本注］似乎是指柏拉图学园，或可能是指学园内部的一个精英群体，他们展现出柏拉图所说的理想人格。对"真实"（或"坚定"）的突出强调，与《法义》卷五730c类似。"勇气"与"力量"不值得特别赞美，这符合《法义》对"勇敢"作为最低的美德的描述（630c，631c，963e）。

⑥ ［译注］τοὺς οἶσθα δήπου［你一定知道他们］，参见《书简三》318a1：οὕς οἶσθα σύ［你知道的那些人］。可能是一句行话，用于学园成员彼此间的称呼。

［Bu本注］这些人是柏拉图的学生以及狄翁的支持者们。

⑦ ［译注］πλέον ἢ παίδων［超越孩童之上］：这一表达亦见《斐德若》279a。此语可能是说，那些人超出其他人的程度远远超过大人超出小孩的程度。

们声称所是的那类人,尤其是因为,有赖于神,这将容易办到。

[320d] 因为,对其他人来说,他们不得不漫游四方,如果他们想要为人所知的话;而你目前的情况却是这样的:遍布全地的人们——这么说或许过分了些——都注视着一个地方,[d5] 在这个地方又最主要地注视着你。你既然被所有人看着,你就要准备好,证明那位吕库尔戈斯(Λυκοῦργος)和居鲁士(Κῦρος)①已成过往,②以及证明任何其他因其性情和政制而被认为出众的人也[已成过往],特别是因为,这儿的许多人甚至[320e]几乎所有人都说,一旦狄奥尼修斯被铲除,事业(τὰ πράγματα)很有可能会毁于你的以及赫拉克雷德斯、忒奥多特斯和其他几位豪杰的爱荣誉之心。③但愿没人会是这样;可万一谁真的[e5]变成这样,你就要表现得像个医生,如此你们才会越来[321a]越好。

兴许在你看来,我说的这些很可笑,因为你本人并非不知道[这些]。可我在剧场中看到,竞赛者们④受到孩子们的激

---

① [B本注]《书简八》354b 把吕库尔戈斯当作好立法者的榜样,《书简二》311a 则提到居鲁士是位王者。
[M本注]《法义》也表达了对于吕库尔戈斯和居鲁士的敬仰之情,见卷三 691e,694a。

② [H本注] ἀρχαῖον 意为"过时的""落伍的"。见《希琵阿斯后篇》371d4:ἡγούμενος ἀρχαῖον εἶναι τὸν Ὀδυσσέα [他认为奥德修斯过时了]。

③ [B本注] 关于赫拉克雷德斯和忒奥多特斯,见《书简三》318c-d,该处重述了《书简七》348c-349b 的内容,但有些出入。另外,这一段似乎是一个预言,预示着狄翁在叙拉古夺权后发生的悲剧。

④ [译注] ἀγωνιστής 源于名词 ἀγών [竞赛],意为"竞赛者""斗争者"以及"演员"。
[H本注] θεάτροις [剧场] 一词表明,这里不是指竞技比赛。ἀγωνιστής

励，不必说也受到朋友们的激励，可以想见，他们是［a5］真诚且善意地在加油助威。① 因而，现在你们自己也要展开竞赛（ἀγωνίζεσθε），而且要给我们写信，如果有什么需要的话。

这儿的情形和你们在时差不多。你们要写信，［321b］说说你们做了什么或碰巧正在做什么，因为我们虽然听到了很多，却一无所知。② 这会儿，来自忒奥多特斯和赫拉克雷德斯的书简到了拉刻岱蒙和埃吉纳（Αἴγινα），可正如我所说的，对于当地的情况③ 我们听到了很多，［b5］但却一无所知。有些人认为你还不够殷勤，④ 对此你要留意。所以，你不要忘了：通过取悦众人

含括了演员，以及可能在剧场中举行的声乐或器乐比赛的竞赛者，此处更可能指戏剧演员。但柏拉图可能想到的是伊索克拉底（Isocrates）在其《埃瓦戈拉斯》（*Evagoras*）结尾处的明喻（79.207a）。两段文字的中心思想很相似，但在其他方面就无甚相通之处。在柏拉图那里，演员得到孩子们和朋友们的欢呼；在伊索克拉底那里，竞赛者们受到观众和朋友们的鼓励。柏拉图在别处借用了伊索克拉底的观点，见《书简三》315c8，《书简七》324d7。

① ［B本注］既然是在"剧场"中，便应是指音乐竞赛（诵诗比赛、齐特拉琴比赛、悲剧和喜剧比赛），而不是指体育或骑马比赛。《法义》II. 658a 以下说到追捧木偶戏表演者的"小孩子"和热衷喜剧的"孩童"，作者写到这里时可能想到了《法义》的这一段。

② ［译注］这说明狄翁一直都没有给柏拉图写信说明他征讨西西里的战况，《书简四》也不是柏拉图对狄翁信件的回复。狄翁似乎把柏拉图忘了，这正说明他的"刚愎自用"和"孤独"。

③ ［译注］原文为 περὶ τῶν τῇδε［对于当地的情况］，维拉莫维茨（Wilamowitz-Moellendorff）校改为 παρὰ τῶν τῇδε，意思变为"我们从这儿的人们那里听说"。

④ ［译注］θεραπευτικός［殷勤］一词在柏拉图作品中仅见于此处，源于动词 θεραπεύω［服侍、照料］。

［321c］才可能有所作为，而刚愎自用伴随着孤独。① 好运！②

---

① ［B本注］普鲁塔克把 αὐϑάδεια ［刚愎自用、自以为是］当作狄翁的性格特征（《狄翁传》8.1），此词亦见于《王制》IX. 590a，《治邦者》294c，《法义》III. 692a，IV. 720c。普鲁塔克《狄翁传》8.4、52.5 引用了《书简四》最后一句话。

［H本注］参见杰伯（R. C. Jebb）对忒奥弗拉斯托斯（Theophrastus）《人物性格素描》第三章 αὐϑάδης 的评注（［译按］参见《古希腊散文选》，水建馥译，北京：人民文学出版社，2000，页 109，"脾气乖张"）。忒奥弗拉斯托斯所描绘的这种性格并不完全是柏拉图归之于狄翁的性格。对于柏拉图而言，此词意味着逃避社会交往，有傲慢自大（hauteur）的意味。在《王制》IX. 590a9，αὐϑάδεια 与 δυσκολία ［乖戾］并举，是过分勇敢者易犯的错误。在《法义》XII. 950b，αὐϑάδης 用来形容拒绝与其他城邦交往的城邦。

［M本注］柏拉图把获得并拥有忠诚的追随者当成一个人具有美德的标志。对狄翁的这一警诫可与《书简七》331e-332c 对狄奥尼修斯一世的指责对比。另对比《书简六》322d。

② ［B本注］εὐτυχει ［好运］，见《书简四》321c，《书简五》322c，《书简十一》359c。ἔρρωσο ［保重］，见《书简一》310b，《书简十》358c，《书简十三》363c。两词是极其古老的祝愿语，通常用于书信结尾。

书 简 五

[题解]年轻的马其顿王佩尔蒂卡请求柏拉图派一个谋士,柏拉图推荐了欧弗莱奥斯(Euphraeus of Oreus)。柏拉图先介绍了欧弗莱奥斯的才能,中间谈到三种政制的"语言",尔后以第三人称虚拟了一场问答,为自己不参与雅典民主政治的行为做了辩护。据说,欧弗莱奥斯在佩尔蒂卡那里受到重用,他不许不懂几何学和哲学的人与佩尔蒂卡同桌进餐,另外他还协助菲利普二世(亚历山大大帝之父)在佩尔蒂卡死后获得了王位。

在这封不长的书简中,"建议"一词的变体($συμβούλη$-$συμβουλεύω$-$συμβούλος$)共九次出现,因而被归为"劝告性"($συμβουλευτικόν$)的书简。其真伪也常受人怀疑,因为,所谓"三种政制的语言"似乎抄袭自《王制》,对柏拉图不参与雅典政治的辩护似乎与主题无关,关于"建议"的说法似乎也是照搬《书简七》的内容。由于这封书简涉及"柏拉图"与马其顿政治的关系,所以,很多人充满想象力地猜测这封书简的作者是位亲马其顿派,他力图塑造柏拉图与马其顿王的关系,借以诋毁或抬高柏拉图,这位作者可能是支持菲利普的伊索克拉底(Isocrates)的学生,或是与马其顿宫廷关系密切的斯彪西普斯(第欧根尼·拉尔修,《名哲言行录》IV.1),或是与柏拉图学园关系密切的狄翁(斐奇诺便如是认为)。

柏拉图祝佩尔蒂卡（*Περδίκκα*）① 万事顺遂！

照你信中所说，我建议欧弗莱奥斯（*Εὐφραῖος*）② 照看你的事情，为你的事情尽心尽力；此外，我理应［c5］给予你异乡人之间所谓的"神圣的建议"，③［321d］关于你会提到的其他事情，以及当前应该如何任用欧弗莱奥斯。因为这个男人在许多方面都有用处，尤其是在你现在有所欠缺的那个方面，这是因为你的年纪，④ 也因为在这个方面针对年轻人的建议者并不多。

因为，［d5］政制就像一些动物，各自都有一种语言，⑤ 一种

---

① ［B本注］佩尔蒂卡三世是菲利普二世的哥哥，公元前365至前359年为马其顿王。

② ［M本注］欧弗莱奥斯（Euphraeus）是欧波亚（Euboea）北部的奥瑞乌斯人（Oreus），是柏拉图学园的学生。阿忒奈乌斯告诉我们（《哲人燕谈录》506e），欧弗莱奥斯在佩尔蒂卡宫中时，说服这位王把他的王国分成几份，并把其中一份给他的弟弟菲利普。欧弗莱奥斯在菲利普掌权的过程中发挥了重要作用。但是，欧弗莱奥斯后来返回家乡，成了反马其顿派的领袖，当菲利普的支持者在公元前343年得胜时，他选择自杀（阿忒奈乌斯，《哲人燕谈录》508e；德摩斯提尼［Demosthenes］，第三篇《反菲利普辞》［*Philippic*］59-62）。

③ ［H本注］*ἱερὰ συμβουλή*［神圣的建议］为古希腊习语，见《忒阿格斯》122b：*λέγεταί γε συμβουλὴ ἱερὸν χρῆμα εἶναι*［据说建议是神圣之事］；色诺芬，《上行记》V.6.4：*αὕτη ἡ ἱερὰ συμβουλὴ λεγομένη εἶναι δοκεῖ μοι παρεῖναι*［所谓的"神圣建议"看起来在我这里］。

④ ［B本注］一般认为佩尔蒂卡生于公元前383/2年，他在18至24岁之间统治。

⑤ ［S本注］《王制》卷六（493a-c）把民主制比作一只受智术师们

是民主制的语言,一种是寡头制的语言,还有一种是君主制的语言。①[321e]许多人会声称自己懂这些语言,但除了少数一些人,他们远远不能理解这些语言。不论哪一种政制,如果它向神们和人们说它自己的语言,并使它的行为与它的语言[e5]相一致,它就会永远兴盛和平安;但如果它模仿另一种语言,它就会毁灭。对于这些,欧弗莱奥斯会对你不是一般地有用,尽管他在其他方面也很勇猛。②[322a]因为我期望,在你的那些随侍里面,他绝不会最少地帮你发现君主制的言辞(λόγους)。所以,如果你在这些事情上任用他,你自己会受益,还会带给他极大的益处。

如果有人听到这些后说,"看起来,[a5]柏拉图声称知道③什么对民主制有利,但是呢,尽管他可以在民众中间发言,把最好的东西建议给民众,可他从来都没有站起来说过话"——对此要说的是,"柏拉图在他的祖国生得太迟了,他发现民众[322b]已经老了,受前人的影响,民众已经习惯于做许多与他的建议不相类的事情。因为,就如向父亲提建议一样,向民众提建议会是所有事情中最令他快乐的,④如果他不认为这是在白白冒险,而且

逢迎的庞大野兽,智术师们努力满足它的心意,理解它的语言(φωναί),以便用于教育和引导人们。

① [B本注] 对于这三种政制,参见《治邦者》291d以下及《王制》VIII. 544c以下。

② [B本注] 不确定 ἀνδρεῖος [勇猛] 究竟指什么,可能暗指欧弗莱奥斯在反马其顿立场上的英勇行为。

③ [译注] προσποιεῖται εἰδέναι [声称知道] 实际是佯称知道、假装知道,因而暗示了对于柏拉图的政治知识的质疑。参见《卡尔米德》173b3,155b5-6。

④ [B本注] 与《克力同》(50e以下)和《法义》(IV. 717c-d,XI.

没有任何效果的话。① [b5] 我认为,他在给我提建议时也会这样做。② 如果我们看上去不可救药,他就会对我们说永远再见,[322c] 远远回避对我和我的事情提建议"。③ 好运!

928e,929d-e,930e 以下)的说法相反。反驳及回应,见《苏格拉底的申辩》31c-d,《书简七》331b-d。

① [译注] 一种读法是把从 322a8 自 Πλάτων [柏拉图] 以下至 322c1 的 περὶ τὰ ἐμὰ συμβουλῆς [对我的事情提建议] 都视为 322a7-8 的 εἰπεῖν ὅτι [要说的是] 带起的间接引语,表示佩尔蒂卡面对柏拉图的批评者所应当作出的回答。但由于从 322b5 出现了第一人称动词 οἴμαι [我认为] 及第一人称代词,也有人认为佩尔蒂卡的回答结束于 322b4 的 οὐδὲν ποιήσειν [没有任何果效],余下都是柏拉图的话(如 B 本、S 本)。按第一种读法,322b5 以下的"我"指佩尔蒂卡,"他"指柏拉图;按第二种读法,"我"指柏拉图,"他"则另有所指,或许是欧弗莱奥斯。此取第一种读法。

② [译注] 各抄件都写作 τὴν ἐμὴν συμβουλήν [我的建议],S 本由于认为这句话是柏拉图所说,故而改成 τὸν ἐμὸν σύμβουλον [我的谋士],指欧弗莱奥斯,句意变为"我认为我的谋士也会这样做"。B 本从之。

③ [B 本注] 这一关于"建议"之无用的段落,不过是对《书简七》330b-331d 相关内容的改写。

书 简 六

[题解]赫尔弥亚（Hermeia）是小亚细亚地区的僭主，厄拉斯托斯（Erastos）和克里斯库斯（Koriskos）则是柏拉图学园的成员。《书简六》同时写给这三个人，旨在劝勉三人相互扶助，结成一个友爱的共同体。为了这个共同体的存续，柏拉图还劝告三人要尽可能经常在一起阅读这封书信，并把这封书信当作一个约定和一道权威的法；柏拉图还命令他们向两位"神"起誓遵守这一约定和法。

《书简六》的主题与《书简二》相仿，同样是权力与智慧的结合。但《书简六》的特别之处在于其浓厚的神学气息，信中出现了"现在的这些预言"（τὰ νῦν κεχρησμῳδημένα, 323c3）、"发布[神谕]"（μαντεύομαι, 323c4）、"吉利的神示"（φήμη αγαθή, 323c4）这样的措辞，结尾又有一位神秘莫测的"神"和一位"至高的父"。柏拉图充当了神人之间的预言者的角色，他似乎洞透神界的旨意，具有向人界宣明神谕的能力和使命。他预言权力与智慧将在三位收信人的友爱中结合为一，并劝告所有人都致力于哲学，这意味着，致力于哲学就是听从神的旨意，远离哲学就是违背神的旨意，并将为此承受不幸。柏拉图这位先知照看的是世间哲学与政治的友爱，他的书简具有某种神圣性，是一部神圣的契约和法典。

有些学者根据某些旁证认为此信是伪篇。首先，据地理志家斯特拉波（Strabo）的记述（XIII.57），赫尔弥亚在雅典时曾聆听过柏拉图和亚里士多德的教诲，这里却说柏拉图与赫尔弥亚并未谋面（323a1）；其次，信中所说的"关于理式的智慧"（ἡ τῶν εἰδῶν σοφία，322d5）未见于柏拉图的作品；最后，此信与《书简二》有诸多类似之处，譬如结尾的两个神与《书简二》中的三个王（312e）、致信柏拉图来解决分歧（310 d, 323b）、反复多次读信（314c, 323c）、致力于真正的哲学（311d-e, 312b-c, 323c-d）等等，这让人怀疑《书简二》和《书简六》的作者是同一位，或是伪作者模仿《书简二》写成的。

赫尔弥亚于公元前 351 年成为僭主，而柏拉图殁于公元前 347 年。如果这封信是柏拉图所写，则应该写于公元前 351 至前 350 年间，是十三封书简中写作时间最晚的。

柏拉图祝赫尔弥亚、厄拉斯托斯和克里斯库斯万事顺遂！

在我看来，神们①中的一位和善且慷慨地为你们准备了一份好运，[c5] 如果你们能好好迎接的话。因为你们彼此住得很近，② 而且你们都有所欠缺，因而可以 [322d] 在最重要的事情上相互扶助。因为，对于赫尔弥亚（Ἑρμεία）而言，③ 无论是大批

---

① ［译注］比较 323c5, d3 出现的"神"。对勘《书简八》353a1-2。

② ［B 本注］厄拉斯托斯和克里斯库斯来自斯科希斯（Skepsis），这个镇子邻近阿塔内乌斯（Atarneus），赫尔弥亚是阿塔内乌斯的僭主。

③ ［M 本注］赫尔弥亚是阿塔内乌斯和阿索斯（Assos）的僭主，是公元前四世纪的风云人物。他很可能出身蛮族，曾是僭主欧布鲁斯（Eubulus）的奴隶，后来协助主人治理城邦。欧布鲁斯于公元前 351 年死后，他继任为僭主。此后，他受到背叛，落入波斯王之手，据说因为不愿泄露盟友马其顿

的车骑,① 还是众多其他的战争同盟,或者大笔财富的加增,都不如稳靠且拥有健全性情的朋友们② 更能在各个方面扩充自己的力量。③ 至于厄拉斯托斯（Ἐράστος）和克里斯库斯（Κορίσκος）,④ 除了［d5］关于理式的智慧（ἡ τῶν εἰδῶν σοφία）,那一高贵的智慧,我认为——尽管我已老朽⑤——他们还需要防御那些恶人和

的菲利普（Philip of Macedon）的计划而被钉死。他是亚里士多德和色诺克拉底的朋友,两人在柏拉图死后退隐于他的宫廷,待了许多年,而且亚里士多德娶了他的养女。在蒂度穆斯（Didymus）关于德摩斯提尼的一部著作的残篇中,保存了亚里士多德的外甥卡利斯忒涅（Callisthenes）对赫尔弥亚的一段赞颂：赞美赫尔弥亚坚定不移、忠于朋友,正如他的死所表明的。卡利斯忒涅说,赫尔弥亚从没做过任何有愧于哲学的事情（Didymus, *Kommentar zu Demosthenes*, Diels/Schubart 编, Berlin, 1904, 页 25）。赫尔弥亚的死一定让亚里士多德和学园深感悲痛,亚里士多德为他写了一篇赞辞,并在德尔斐为他立像（第欧根尼·拉尔修,《名哲言行录》V.6, 7）。

① ［H本注］根据忒奥庞普斯（Theopompos）的第 42 则残篇,赫尔弥亚以奢华的车队参加竞技赛。这里指的是骑兵,其措辞令人想起《书简七》328d4。

② ［B本注］参见《王制》卷六 490c 以下对哲人天性的描绘,以及下文 323a。另及《书简十》。

③ ［M本注］友爱是政治力量的重要支柱,这一主题无疑是柏拉图式的,尤其参见《书简七》331d 以下。

④ ［M本注］第欧根尼·拉尔修告诉我们（《名哲言行录》III. 46）,厄拉斯托斯和克里斯库斯是柏拉图学园的成员。上引蒂度穆斯的残篇表明,忒奥庞普斯在致菲利普的信中将厄拉斯托斯的名字与赫尔弥亚的名字并列。这位厄拉斯托斯无疑是《书简十三》362b2 中提到的那位。克里斯库斯的儿子叫内勒乌斯（Neleus）,是亚里士多德和忒奥弗拉斯托斯的学生,泰奥弗拉斯托斯死后,内勒乌斯接管了亚里士多德的图书馆。

⑤ ［H本注］καίπερ γέρων ὤν［尽管我已老朽］：珀斯特（L. A. Post, Plato, Epistle VI. 322d, *The Classical Review* XLIV, 1930, 页 116）指出,这句话是有意模仿索福克勒斯的《忒俄斯特斯》（*Thyestes*）残篇 239（Nauck

不义之人的智慧［322e］以及某种自我保护的能力。他们缺乏经验，因为他们的生活长久以来是和我们这些温良且没有坏心的人一起度过的。正因乎此，我才说他们还需要这些，以便他们不会被迫忽略那真正的智慧，［e5］过分关心这种属人的和必不可少的［智慧］。① 而在我看来，赫尔弥亚拥有这样一种能力，这既得益于他的天性——尽管［323a］我和他还未谋面②——也得益于经验带来的技艺。

可我说的是什么意思呢？赫尔弥亚啊，我比你更为了解厄拉

编）：καίπερ γέρων ὤν· ἀλλὰ τῷ γήρᾳ φιλεῖ χὠ νοῦς ὁμαρτεῖν καὶ τὸ βουλεύειν ἃ δεῖ.

［B本注］这句插入语的意思似乎是：年迈的柏拉图（当时已近80岁）原本应该不再有与人争竞的念头，但实际并非如此，因为他建议厄拉斯托斯和克里斯库斯要学习另一种智慧，以便不仅提防那些恶人，而且在受到攻击时能保护自己。

［Bu本注］公元前351—前350年间，柏拉图已有77岁。这里提到他的年纪，可能是说老人更应当超脱尘世。

① ［B本注］可能暗指《法义附言》（974d以下）对真正的智慧与虚假的智慧的区分。另比较《书简二》310e以下。

② ［B本注］据斯特拉波说（《地理志》XIII 1.57），赫尔弥亚旅居雅典时曾到访学园，他实际是柏拉图和亚里士多德的学生；等他成了僭主，色诺克拉底和亚里士多德到了他那里，他则成了亚里士多德的岳父。

［M本注］布林克曼（A. Brinkmann）已经指出（Ein Brief Platons, *Rheinisches Museum* LXVI, 1911, 页226-230），斯特拉波的这一文段（讲述亚里士多德图书馆的命运）包含着诸多不确之处。此外，赫尔弥亚的名字没有出现在《赫库拉内希斯编目》（*Index Herculanensis*, Mekler编, 33以下）中，也没出现在第欧根尼·拉尔修给出的名录中（《名哲言行录》III.46）。不过，这些材料都确认了斯特拉波的说法，即赫尔弥亚在柏拉图死后与亚里士多德和色诺克拉底关系密切（《赫库拉内希斯编目》22以下；第欧根尼·拉尔修，《名哲言行录》V. 3, 9）。若这封书简是真作，它可能是学园与赫尔弥亚之间的第一次直接接触。

斯托斯和克里斯库斯，我对你说、揭示和作证：你可不容易找到比这些近邻［所拥有的］更值得信赖的性情。［a5］我建议你尽一切正当的方式接近这些男人，不要把此事看得无关紧要。对于克里斯库斯和厄拉斯托斯，我建议你们反过来紧跟赫尔弥亚，通过［323b］相互的依附，① 努力进入一个友爱的结合。② 不过，万一你们中间有谁似乎是在以某种方式拆散这一结合——因为属人之物并非完全稳靠③——你们要往这儿给我和我的［朋友们］送信，说明［你们］彼此结怨的理由。因为我相信，［b5］来自我们这儿的言辞以其公正和威严——如果分裂碰巧不是太严重的话——将会比任何咒语更能将你们再次连结和捆绑起来，④ 恢复先前的［323c］友爱和结合。⑤ 倘若我们所有人——我们和你们——都爱这种智慧，⑥ 尽我们所能以及每个人能力所及，现在的这些预言⑦就将成为主宰。但如果我们不这么做，我也不会说这些。因为我发布的是吉利的神示（φήμη αγαθή），⑧ 而且我认为［c5］我们将做的一切是吉利的，如果神乐意的话。

---

① ［译注］ἀνδέξεσιν［依附］：此词在柏拉图作品仅见于此处。
② ［B本注］这可能暗指阿里斯托芬在《会饮》中的圆球人神话，见《会饮》189d-193d，尤其192d-e。
③ ［B本注］参见《书简十三》360d，《书简七》335e。
④ ［Bu本注］这里的措辞比较《会饮》192e，215c。
⑤ ［B本注］可能暗指《斐多》77e以下所说的咒语。同样的建议亦见于《书简二》310d。
⑥ ［译注］ἣν φιλοσοφῶμεν［我们所爱的这种智慧］：据H本说，阴性宾格的关系代词ἣν是φιλοσοφῶμεν［爱智慧］内在的宾格结构，意指"哲学"。φιλοσοφῶμεν亦见于结尾323d5，另见《书简十三》360e1，363c9。
⑦ ［B本注］对比《书简二》311d。
⑧ ［P本注］这一说法比较《书简七》336c。

你们三人全都必须读这封信，尤其是要聚在一起读；如若不能，那就两个两个一起读，尽量一起读，尽可能经常读；① 你们还必须以这封信作为一条约定［323d］和一道至高的法——这是理所应当的——同时以一种不无品味的严肃和作为严肃之姊妹的戏谑② 起誓，③ 向那位统帅着一切存在和将要存在之物的神［起誓］，并向那位统帅和原因的至高的父起誓；④ 如果我们真正［d5］

---

① ［B本注］这一建议与《书简二》314b-c 类似。

② ［H本注］严肃和戏谑的对举，是（但不仅是）柏拉图晚期作品的特征，参见《法义附言》980a9、992b3，《法义》卷三 688b5，卷六 761d、803c 以及《会饮》197e7。哈克弗斯（Hackforth）据此推断，这封信是由他人模仿柏拉图的对话伪作的。σπουδή μή ἄμουσος［不无品味的严肃］一语常被人引用；柏拉图在《王制》404e 也用到"姊妹"的比喻，将最好的体育锻炼比作音乐的姊妹。

③ ［H本注］在所有抄件中，323d1 和 d4 均出现了分词 ἐπομνύντας［起誓］，而且亚历山大的克雷芒的引用也是如此。第二个 ἐπομνύντας 是多余的，引起了不止一种修订。第二个 ἐπομνύντας 不可能是作者有意插入，可能是作者在他最初的草稿中无意插入的，我们现在的抄件来源于这一草稿。

④ ［H本注］这里的两位神和《书简二》312e 的三位神一样晦涩难解。熟悉柏拉图学派宗教学说的人一定清楚其中的含义。323d3 所描述为 ἡγεμόνα［统率］的神与 d4 的 ἡγεμόνος［统帅］应该是同一个，因而不可能是"父"（πατέρα）。两位神有着"父与子"的关系，早期基督教作家因而对这句话倍感兴趣，亚历山大的克雷芒曾改写这句话以及《书简二》中的晦涩段落。《王制》（506e，508a，516，517）在描述太阳与善的理念时，分别称之为"儿"（ἔκγονος）和"父"（πατήρ）。太阳不仅是光的来源，而且掌管着（ἐπιτροπεύει）可见世界的一切，可说是我们所看到的一切的原因（αἴτιος）。《蒂迈欧》中的造物者亦称"父"，所以有人认为就是这里的"父"，另一位神则是世界—灵魂（World-Soul），但世界—灵魂几乎不可能被称作"统帅和原因"（ἡγεμὼν καὶ αἴτιος）。

爱智慧的话，① 我们所有人就会清楚地认识他，就像那些幸福的人② 所能的一样。

---

① ［P本注］哲学训练可以净化灵魂，使灵魂能够认识到理念的世界和善的理念。见《王制》卷六 508。

② ［P本注］柏拉图所说的 εὐδαίμων ［幸福］指的不是"富有"，而是"听从理性"。见《书简八》354c，355c。

书 简 七

[题解]《书简七》写在柏拉图第二次出行结束之后的五六年间。据古典学家们推算，约在公元前360年，柏拉图从西西里黯然返回；公元前357年，经三年筹备，流亡在外的狄翁集结雇佣军，从伯罗奔半岛出发，征讨狄奥尼修斯。虽然狄翁很快就推翻了狄奥尼修斯的统治，但遗憾的是，狄翁一直没有在叙拉古建立新的政制，而是纠缠于旧制倾覆后的内乱。狄奥尼修斯虽然被赶下了台，但依然拥有强大的兵力，时刻觊觎再度夺取权力，而以狄翁为首的群体虽以推翻僭政为志，但这伙人里头鱼龙混杂，人心不一，潜藏分裂与阴谋。无力驾驭时局的狄翁终被自己的同伴所杀（公元前354年，死时55岁）。据说，狄翁被害后，追随他的人马退守叙拉古北部小城，他们致信柏拉图，要求他以"行动和言辞"与他们合作。时年七十四岁（公元前354年）的柏拉图写信作答，于是就有了这封《书简七》。

面对收信人在非常事态下的紧急促请，柏拉图并没有即刻作出回答，反而"离题"回溯到似乎毫不相干的过去，从自己年轻时的经历讲起。柏拉图依次述及自己年轻时从热心从政到转向哲学的心路历程、第一次到西西里结识狄翁的情形、应狄翁和狄奥尼修斯的邀请到叙拉古的始末。结束这段忆述后，柏拉图终于回到正题，开始针对收信人的现实处境提出建议，但他的建议也呈现出过去与当下的交错。柏拉图先说到自己向人提建议的普遍原则，然后回忆了第二次出航时曾和狄翁一道给狄奥尼修斯的建议，中间插入对狄翁之死的评述，最后才迟迟道出对收信人的现实建议。至此，可以说柏拉图已经完成了这封书简的任务，以言辞给予了收信人确切的答复，《书简七》写到这里理应止笔了。孰料柏拉图再次启航，转而开始忆述第三次到叙拉古的前因后果，中间插入了有关哲学、写作和知识的讨论（俗称"哲学离题话"），之后又讲到如何与狄奥尼修斯发生冲突，如何辗转离开叙拉古，最后回到对狄翁的咏赞。

尽管《书简七》处在充满紧迫感的现实情景中，但柏拉图大部分时间都在忆述过往，可谓从头至尾都在"离题"，在不同的时间维度和不同的层面来回游走。就内容而言，《书简七》的主体是柏拉图对三次西西里之行的忆述，忆述过程中相继穿插了政治建议（330b8-337e2）和哲学讨论（342a7-345c3）。因此，《书简七》大致就包含了三个层面的内容：柏拉图的自我忆述、政治建议、哲学讨论。另外，《书简七》重点描述的是柏拉图的两次西西里之行，就在《书简七》最中间的位置（337c2-3），这两次西西里之行间隔开来，同时也把《书简七》划分为篇幅相当的两大部分。第一部分（324b8-337e2）始于柏拉图对年轻时代的忆述，中间叙述第一次西西里之行，最后止于对收信人的建议；看似多余的第二部分（337e3-350b5）主要交代柏拉图第二次西西里之行的始末，中间插入了哲学讨论。这两个部分在言说对象、内容、文风、形式上均有极大差别。第一部分默认的言说对象始终是"狄翁的各位家人和同伴"，第二部分则明确把言说对象转换成了"那些一再询问我为何愿意第二次去的人"。从内容上看，第一部分没有出现任何抽象的哲学讨论，第二部分不仅出现了一节长且晦涩的"哲学离题话"，而且一开始就与哲学相关：柏拉图的第二次远航旨在验明狄奥尼修斯的哲学是真哲学还是伪哲学。就叙事笔法而言，第一部分内容简略，节奏平缓、情感克制，第二部分则更具叙事性，描写细致生动，富有时间和情感的律动（好几次说到柏拉图的发火、愤懑、不快，见345d4、346a2、d3），不仅直接引述了三场与狄奥尼修斯的对话和柏拉图的内心独白，甚至还引了荷马的两句诗。

万分庆幸，《书简七》是十三封书简中真实性最少受到怀疑的。

柏拉图祝狄翁的各位家人和同伴万事顺遂！

你们来信说，我应当认为你们的想法［d10］和狄翁一样，不仅如此，你们还催促我加入你们，［324a］以行动和言辞尽我所能。① 可我［的答复是］：如果你们的意见和渴望与狄翁一样，我就同意加入你们；如若不然，我就要多加斟酌。② 至于狄翁的想法和渴望是什么，我大致能说上一说，我并不是揣测，［a5］而是知道得很清楚。最初到叙拉古时，我将近四十岁，③ 狄翁的年纪④ 则和现在的希普帕西努斯（Ἱππαρῖνος）⑤ 一样，［324b］而

---

① ［译注］言辞与行动的对比亦见于327a、328c、333b等处。

② ［B本注］柏拉图似乎并不确定狄翁的这些伙伴有无诚意。

③ ［B本注］若柏拉图生于公元前428/7年，那么至公元前388/7年，他已四十岁。

④ ［B本注］狄翁死于公元前354年，时年五十五岁（奈波斯，《狄翁传》10），因此，狄翁生于公元前409年前后，在公元前388/7年已21岁。

⑤ ［B本注］历史上共有三位希普帕西努斯：（1）狄翁的父亲叫希普帕西努斯；（2）叙拉古女人阿里斯托玛克（Aristomache）公元前399/8年嫁给老狄奥尼修斯，生子希普帕西努斯；（3）阿里斯托玛克与老狄奥尼修斯所生的女儿阿瑞特（Arete）先嫁给老狄奥尼修的弟弟忒阿希达（Thearidas），后改嫁给狄翁，生子希普帕西努斯，与其祖父同名。这里是指

且他从那时就一直秉持着一个意见：他觉得，叙拉古人应该享有自由，受那些最好的法治理；所以，如果某位神①让希普帕西努斯与狄翁齐心，就政制持有与狄翁同样的意见，那也根本不稀奇。②［b5］至于这一意见是如何形成的，年轻人和不年轻的人都并非不值得一听，而我将试着从头向你们细细讲述这一意见；因为眼下正是时机。

年轻那会儿，③我的经历和许多人一样：我期冀着，一旦成

哪位希普帕西努斯？老狄奥尼修斯之子希普帕西努斯拥护狄翁，公元前353年7至8月间，他把谋害狄翁的卡利普斯（Callippus）逐出了叙拉古。如果他在公元前354/3年已21岁，那就生于公元前376/5年，当时其父母已经结婚23年。这一假设并非不可能，因为普鲁塔克说："阿里斯托玛克过了很久都没有怀孕，尽管老狄奥尼修斯很想跟她要孩子；为此，老狄奥尼修斯处死了来自罗克里（Locri）的妻子，指控她用媚药使阿里斯托玛克不能怀孕。"（《狄翁传》3.6）不过，公元前345年，阿瑞特与狄翁所生的儿子希普帕西努斯可能也已21岁。但是，据普鲁塔克（《狄翁传》55；《慰藉阿波罗尼乌斯》［*Consolatio ad Apollonium*］33，《伦语》［*Moralia*］119b）、奈波斯（《狄翁传》4.3-5）和阿里安（Aelian）（《历史杂俎》［*Varia Historia*］III. 4），这位希普帕西努斯死在狄翁前面，死时约18岁。如果这里指狄翁之子希普帕西努斯，那么柏拉图似乎并不知道他已死，这怎么解释？有两种可能：柏拉图没听说他的死，或者他早亡的传统说法不可信。如果柏拉图这里是指老狄奥尼修斯之子希普帕西努斯，那就表明，狄翁的这个外甥已经加入狄翁这一方，而且成了领袖。

①［B本注］柏拉图晚年特别强调神对人事的干预，尤其是在《法义》中（卷四709b，卷九875c等），《书简七》（326d-e，327d-e，336e，337e，340a）和《书简八》（353b，355e）亦如此。

②［M本注］为什么毫不稀奇？因为二十岁的人容易塑造？或因为希普帕西努斯怀念父亲狄翁？在此前的八九年间，希普帕西努斯一直是叔叔狄奥尼修斯的护卫。

③［H本注］柏拉图说要讲述狄翁的"意见"如何形成，却转而讲起

了自己的主人，我就立即投身城邦的公务。［324c］不过，城邦事务中的这样一些机运落到了我身上。

那时的政制受到许多人谩骂，于是发生了一场大变动。①领导并操控大变动的是五十一个人，② 其中十一人在城内，［c5］十人在佩莱坞——这两伙人各自负责市场③ 和一切城内

了自己，要到 327a，他才再次说到狄翁。柏拉图晚年惯用这种离题手法，比如《法义》卷二末尾到卷三的离题。

［B本注］可以如此解释这一离题：狄翁从柏拉图那里获得了一个"意见"，时在柏拉图第一次到访叙拉古时。因此，柏拉图有理由首先解释自己如何形成这个"意见"。公元前 404 至前 403 年三十人僭政时，柏拉图 24 岁。

① ［译注］μεταβολή［变动］源于动词μεταβάλλειν［改变、更换］，亦指政制上的变动（见 326d4），但并不一定是骤变或暴力革命，英译多作 revolution，但现代意义上的"革命"与古典意义的 μεταβολή 有天壤之别，详见阿伦特，《论革命》，陈周旺译，南京：译林出版社，2007，第一章"革命的意义"。

② ［H本注］柏拉图至 325a6 才道出这个新政权的通称："三十人"（τριάκοντα）。柏拉图回避了这一名称，以免勾起人惨痛的记忆。此处所述与亚里士多德一致（《雅典政制》35）：三十人上台后，首先组建了这两个全新的团体。至于十一人团的主要职责，柏拉图是我们最好的证人：和佩莱坞港的十人团一样，他们可能主要负责所有城邦事务。三十人政权搞了大规模的监禁和审判，监守局可能成了他们最重要的职能。［译按］亚里士多德把"十一人"称作"监狱看守官"。三十人倒台后，人们可能认识到监守局的便利，于是把十一人的建制保留了下来。

［B本注］柏拉图时代的人似乎称这个政权为"五十一人"，而不是我们如今通称的"三十人"。

［译注］B本的推测不太成立，因为在《苏格拉底的申辩》（32c）中，苏格拉底就称这个政权为"三十人"的"寡头制"。

③ ［译注］ἀγορά［市场］是雅典民主生活的核心场所，既是民众集会之所，又是市场。由 ἀγορά 衍生的动词 ἀγοράζω 表示"买卖"，而 ἀγορεύω 则表示"在公民大会上发言"。

需要打理的地方——另外三十人［324d］被任命为全权将领（αὐτοκράτορες）。这些人里面碰巧有几位是我的家人和熟识，①而且，他们随即就邀请我加入这些［与我］相配的事。因为年轻，我的反应毫不稀奇：我期冀着这些人的治理会把城邦从一种不正义［d5］的生活引向正义的道路，因此我密切关注着他们，看他们会做些什么。事实上我看到，这些人不久就表明先前的政制是一个黄金时代。②别的事不说，［324e］我年长的朋友苏格拉底——我几乎可以毫不惭愧地说，他是当时最正义的人③——他们派他和别人一道去抓一位邦民，命他强行把此人拖来处死，［325a］这样就能把他拉入他们的事，不管他是否愿意；但苏格

---

① ［B本注］这里的"家人"是指柏拉图的舅舅卡尔米德（Charmides）和表舅（其母亲的堂兄弟）克里提阿（Critias）。卡尔米德是佩莱坞港十人团的一员（色诺芬，《希腊志》II. 4.19），克里提阿则是三十人中激进派的头领。

［H本注］在后来推翻三十人僭政的斗争中，两人都丢了命。

［译注］不应忽略一个事实，这些人不仅是柏拉图的"家人和熟识"，而且与苏格拉底有过密切的交往。

② ［B本注］可能暗指克洛诺斯治下的黄金时代（赫西俄德，《劳作与时日》行109以下；柏拉图，《克拉底鲁》397e以下，《王制》V. 468e，《治邦者》269c以下；比较《法义》IV. 713b–714b）。柏拉图同时代的人喜用黄金来形容弥足珍贵的事物，参欧里庇得斯，《特洛亚人》行432起；埃斯库罗斯，《祭酒人》行372；索福克勒斯，*TrGF*，IV，F. 557；柏拉图，《斐德若》235e，《斐勒布》43e。此外，伊索克拉底于公元前354年写下的《战神山》（*Areopagiticus*，152c）就三十人僭政表达了相似的评价。

［译注］民主制之于柏拉图是一个黄金时代，参见《王制》546e–547a。

③ ［B本注］此处几近重复了《斐多》的最后一句话。

［译注］《斐多》的末句为："我们应该说，在当时我们所认识的人中，他最好，也最智慧和最正义。"

拉底拒绝听命，宁可冒着承受一切后果的危险，也不愿成为他们不虔敬的行为的同伙。① 看到这一切以及其他此类并非琐细的事情，② 我心生反感，[a5] 于是从当时那些邪恶中抽身而退了。③

可没过多久，三十人以及当时的整个政制倒台了。[325b] 参与公务和政务的渴望再度撩拨着我，但已没那么强烈。在那些动荡不安的日子里，发生了许多令人反感的事情，一些人在政变期间大肆报复仇敌也并不稀奇；不过，[b5] 当时那些流亡归来的人还是表现得极为宽和。④ 可由于某种机运，一些当权者⑤ 又把我们的同伴⑥苏格拉底告上法庭，加诸一项最不虔敬的指控，[325c] 而且是一项最不适用于苏格拉底的指控。因为，正是以

---

① [B本注] 事见《苏格拉底的申辩》32c–d：三十僭主命苏格拉底与另外四人去逮捕撒拉米斯的赖翁（Leon of Salamise），后者是遭流放的民主派的朋友，苏格拉底拒绝听命，另外四人前往撒拉米斯的时候，他却回自己家去了。若三十僭主没有很快倒台的话，恐怕苏格拉底就丢了命。

② [Bu本注] 可能暗指克里提阿处死忒拉美涅（Theramenes）之事。

③ [译注] 或译作"远离当时那些恶人"（ἀπὸ τῶν τότε κακῶν）。

④ [H本注] 依然没有提到任何人的名字。此是指忒拉绪布洛斯（Thrasyboulos）和其他遭流放的民主派，他们于公元前403年推翻了三十人政权。

⑤ [B本注] 苏格拉底的三位控告者是阿努图斯、莫勒图斯和吕孔（《苏格拉底的申辩》23e）。阿努图斯是一位皮革商的儿子，被公民大会选举履行最高职权，因为他对推翻三十僭主贡献甚大（见《美诺》90a–b）。莫勒图斯是个无名的悲剧诗人，他的指控针对宗教问题。我们对吕孔一无所知，仅知他代表演说家。尽管是复数人称，但"一些当权者"可能特指阿努图斯，《苏格拉底的申辩》18b称，最近一拨控告者是"阿努图斯和那些他身边的人"。

⑥ [译注]《斐多》118a 亦把苏格拉底称作"我们的同伴"（ὁ ἑταῖρος ἡμῖν）。

不敬神的罪名,① 一些人起诉了他,另一些人则作出判决并把他处死:他们处死的这个人当初不愿参与不虔敬地抓捕他们的一位朋友,在他们自己不幸地受到流放之时。

[c5] 我观察着这些事情和那些从事政务的人,而且,愈加审视各种法和风尚,且随着我年岁渐长,我愈觉得正确地治理政务是多么困难。[325d] 若没有朋友和可靠的同伴,就无从行事——要在身边找到这样的人可不容易,只因我们的城邦不再依祖传的风尚和习惯治理;② 而要轻易地获得其他新的[朋友和可靠的同伴][d5]绝非可能——成文法和风尚受到败坏,而且以令人惊异的速度日益沦落,③ 结果,虽然我[325e]最初对从事公务满腔热情,但当我注意到这些,看到没有一处不彻底变动时,我最终晕头转向了;我一方面没有停止考虑这些事情以及[326a]整个政制究竟怎样才会变得更好,另一方面也一直等待着行事的时机,但我最终想到,现今所有城邦的统治都很糟糕——其法的状况近乎无可救药,若无[a5]某种有机运相助的神奇准备的话——而且我不得不说:要赞颂正确的哲学,只有借由正确的哲学,才能看清一切城邦的正义和个人的正义。④

---

① [B本注]"不虔敬"正是莫勒图斯指控苏格拉底的罪名,见《苏格拉底的申辩》19b-c。

② [B本注]这一短语和随后的句子可能引用了赫西俄德《神谱》行66。

③ [H本注]其他译者把 ἐπεδίδου[增加、进展]理解成无人称动词。柏拉图或许只是说,成文法和不成文法大批量地增加。柏拉图或许想到了伊索克拉底《战神山》147d 的著名段落:法律繁多是城邦败坏的标志。参见塔西陀,《编年史》(Annals) III. 27: corruptissima re publica plurimae leges[国政败坏造极之日,正是法律多如牛毛之时]。

④ [H本注]325d1-326a7 为一个长句,由两个插入语(325d2-5,

[326b] 人这一族将无法摆脱各种恶,除非正确地和真诚地爱智慧的那族人掌握了政治权力,或者城邦中当权的那族人出于某种神意①真正地爱智慧。②

[b5] 正是带着这一想法,我来到了意大利和西西里,此即我第一次到那儿。③可是,④初来乍到的我一点也不喜欢当地所谓的"幸福生活"——满是意大利式的和叙拉古式的筵席,⑤活着就要白天大吃大喝两顿,而且夜里绝不会独自入睡——[326c] 以及伴随这种生活的种种习惯。从这样的风尚中,天底下没有哪个从年轻时就养成这些习惯的人有朝一日能够变得睿智($φρόνιμος$)——再奇异的[人的]自然也不会有这样的混合——也必定不会 [c5] 有朝一日变得节制($σώφρων$),其他美德也是

326a3-5)分成三个意群,分别阐述了阻碍柏拉图参与政治的三个原因:缺少朋友,雅典法律的败坏,以及所有希腊城邦的堕落。

① [译注] $ἔκ\ τινος\ μοίρας\ θείας$[出于某种神意]。关键词研究,参见 Edmund G. Berry, *The History and Development of the Concept of Θεία Μοῖρα and Θεία τύχη down to and including Plato*,Chicago,1940。

② [B本注] 此段呼应《王制》V. 473c-e,VI. 499b 以下。

③ [B本注] 时在公元前 388/7 年左右。

④ [H本注] 西塞罗翻译了 326b6-c4(《图库卢姆清谈录》[*Tusculanae Disputationes*] V. 35),亚历山大的克雷芒(《劝导》[*Paedagogus*] 150)等人引用过。

⑤ [B本注]《高尔吉亚》518b-c 处,苏格拉底对卡里克勒斯(Callicles)说到厨艺:"你一本正经地告诉我,面包师忒阿希翁(Thearion)、写过西里菜菜谱的米塔科斯(Mithaecos)、做买卖的萨朗波斯(Sarambos),这些人都是照顾身体的好手,一个做很棒的面包,一个做菜,另一个准备酒。"此外,《王制》卷三(404c)也提到西西里筵席。《法义》卷一,拉刻岱蒙人梅吉洛斯(Megillus)说,"在塔兰特,我们的一个殖民地,我曾见到整个城邦在酒神节上喝得烂醉"(637b)。

同样的道理；也没有哪个城邦会消停下来，不论它遵循什么样的法，倘若人们①认为应当［326d］无度地挥霍一切，而且相信应当什么都不做，除了吃、喝以及苦苦追寻"阿芙洛狄忒的"［快乐］；这样的城邦必然在僭主制、寡头制和民主制之间变来变去，②［d5］永远不会停下来，这些城邦中的当权者也必然不会容许听到一个正义且公平③的政制的名称。

想着这些以及先前那些事，我辗转到了叙拉古［326e］，这

---

① ［译注］多数译本将这里的 ἀνδρῶν ［人们］译为"公民"。

② ［B本注］此指三种劣等的政制，对立于三种正当的政制：王制、贵族制、荣誉政制（《王制》VIII. 545c 起；另见《治邦者》291d-293e，302b-303c 及《法义》VIII. 832b-c）。亚里士多德采用了这一区分，并在《政治学》卷四加以阐发。

［译注］注意这里的"必然"（ἀναγκαῖον）：难道由狄翁引起的西西里内乱出于"必然"，而不是出于柏拉图对狄翁的教导？比较 327a 的说法。

③ ［译注］ἰσονόμος ［公平］由 ἴσος ［同等、平等］和 νόμος ［法］连构：由于人的自然（φύσις）是不平等的，故而需要通过 νόμος 的约定达到平等，因此，平等是城邦的要求，而非人的自然属性。相关文献，见 J. Mau、E. G. Schmidt 编，*Isonomia: Studien zur Gleichheitsvorstellung im griechischen Denken*, Berlin, 1971, 尤其 Gregory Vlastos 文，Ἰσονομία πολιτική，页 1-36。B本解释说：在柏拉图的作品中（可能《默涅克塞诺斯》239a 除外），ἰσονομία 均属负面意味，因为它类似于一句民主口号；在《书简七》中，名词 ἰσονομία（336d）和形容词 ἰσονόμος（326d）则有正面意味。实际上，ἰσονομία-ἰσονόμος 恰恰就是词首 ἴσος 的意思。如果 ἴσος 是指数学等式（x=y），那就是一种民主模式；如果是指几何等式（A/B=C/D），那就是贵族制模式（此种区分，见《法义》VI. 756e-758a，《尼各马可伦理学》V. 6.1131a-b）。柏拉图谴责第一种平等，支持第二种平等（《法义》VI. 757b-c，对参《书简七》351a）。在古希腊，ἰσονομία 可能是贵族针对僭主的权力提出的口号，或是民主派针对不如民主制平等的权力提出的口号（见B本页143-144）。

兴许是出于机运，但看来确实是由于某种更高的力量①当时的设计，才为现今发生在狄翁身上和叙拉古的事况埋下了肇因；恐怕还会有更多的［事况］噢，除非你们听从我现时［e5］第二次给出的建议。② 可我怎么会说，［327a］我当初到西西里就成了一切的肇因呢？在跟当时还年轻的狄翁交往时，我用言辞向他揭示了我认为对人们最好的东西，并建议他践行它们，我可能并没有意识到，自己浑然不觉地以某种方式［a5］促成了僭政此后的倾覆。因为，不论是在其他方面，还是对于我当时所讲的内容，狄翁都极其善学（εὐμαθής），他如此敏锐而热切地聆听着，［327b］我碰到的年轻人中还从未有像他这样的，③ 而且，他愿意余生过一种不同于大多数意大利人和西西里人的生活，因为他热爱美德胜过热爱快乐和其他骄奢。正因为此，④ 狄翁的生活方式越来越令那些［b5］遵照僭主的成规生活的人难以忍受，直到

---

① ［H本注］τι τῶν κρειττόνων［某种更高的力量］一语可见《智术师》216b4，《蒂迈欧》77c6，《法义》718a5，《法义附言》991d5。

［M本注］有某种更高的力量主宰人事，《书简》和《法义》中反复出现这一主题，见《书简七》324b，327c，336e；《书简八》353b，355e，357a，357d；《法义》709b，798a，875c。

② ［B本注］第一次是在奥林匹亚，公元前360年的赛会前后，距柏拉图最后一次回到希腊之后不久（见350b-d）。

［M本注］无疑是指公元前367年和前361年试图影响小狄奥尼修斯的两次努力，见331d。

③ ［B本注］几乎是字字重述了《泰阿泰德》144a。

④ ［B本注］狄翁从公元前388/7年就转向了柏拉图所宣扬的节制和美德的生活。但是，采取这种新的生活方式，似乎并未改变老狄奥尼修斯对他的态度。老狄奥尼修斯死时，狄翁在西西里极有权势（见327e-328a）。

老狄奥尼修斯的死降临。①

在此之后,② 狄翁想到,他由正确的教导获得的那个想法不会仅仅在自己身上产生;[327c] 他也看到,同样的想法在其他人身上产生了,尽管不是许多人,但的确在一些人身上产生了,而他相信,在众神襄助之下,狄奥尼修斯很可能会成为其中一员,③ 要是此事能够做成,[c5] 狄奥尼修斯和其他叙拉古人的生活就将变得无与伦比地幸福。④ 此外,他觉得我应该尽一切办法⑤尽快赶到叙拉古 [327d] 和他联手,因为他回想起,与我的

---

① [M本注] μέχρι τοῦ θανάτου τοῦ περὶ Διονύσιον γενομένου [直到老狄奥尼修斯的死降临]:这一奇怪的迂回说法无疑暗示了老狄奥尼修斯有些神秘的死。

[B本注] 老狄奥尼修斯死于公元前 367 年初,据西西里的狄奥多如斯说(Diodorus Siculus, XV. 74.1-4),僭主资助勒奈阿人(Lénéennes)带着一部悲剧到雅典得了头奖,歌队中的一个成员想到,要是他第一个把这个消息告诉僭主,他就能得到奖赏。为了遮人耳目,他跳上一条到科林斯的轻舟,掩饰自己是要到西西里。搭着顺风船,他很快就抵达叙拉古,把这个好消息告诉了僭主,拿到了赏银。老狄奥尼修斯大喜,下令献祭并设筵庆祝;由于酗酒,老狄奥尼修斯染病而死。

② [B本注] "在此之后"是指老狄奥尼修斯死后。一月末时,勒奈阿人在雅典进行庆祝。二月份的前几周,老狄奥尼修斯得知获奖的消息,而他此后不久就死掉了。二月初,老狄奥尼修斯去世、小狄奥尼修斯掌权的消息传到雅典。这些都让人猜想,小狄奥尼修斯对柏拉图的召请以及狄翁的信(327d-e,此信当与召请一道发出)由同一条船带到了雅典。由于航季刚刚开始(四月初),柏拉图得以在启程往叙拉古之前考虑数周。当然,考虑的时间很短,狄翁催柏拉图"尽快"赶来(ὅτι τάχιστα [尽快] 这一表达连着出现了两次,见 327c-d)。

③ [H本注] 或许柏拉图想到了他自己的话(《王制》502b4):如果能找到一个堪当大任且掌握一座城邦的人,他的理想就能实现。

④ [译注] 327c 一节 γίγνομαι [产生、成为] 一词的变体出现共计六次。

⑤ [H本注] ἐκ παντὸς τρόπου [尽一切办法],亦见于 327d8-e1, 338b4。

谈话①如何轻易地促使他渴望那最美和最好的生活。眼下，要是他的努力能在狄奥尼修斯身上成功，他便怀着一些宏大的希望，[d5]即不经杀戮、死亡以及现今所发生的恶，便在全地建造起一种幸福又真实的（ἀληθινὸν）生活。抱着这些正确的想法，狄翁说服了狄奥尼修斯召请我，他本人也来信恳求我尽一切办法尽快前来，[327e]以免其他什么人遇到狄奥尼修斯，②先行使狄奥尼修斯从最好的生活转向其他生活。③以下就是他的恳求——要是细说起来就长了："我们还等什么呢，"他说，"还有比当前神意④的这些安排更有利的时机么？"[e5]他详细述说了意大利和西西里的邦国、[328a]他自己在那里的权柄、狄奥尼修斯的

---

① [译注] συνουσία [谈话]：本意为"共在"，衍意"聚会、聚谈、交往"以及性爱意义上的"交合"，后又指师生间的授学。施特劳斯曾就此词说：哲学是最具爱欲意味的共在，任何共同的理智活动同样如是。συνουσία 的复杂内涵，可见《米诺斯》320b3；《法义》624b1, 639d3, 640c–d, 652a4, 672a1, 838a6–e6；以及 Kevin Robb,《古希腊文教》(*Literacy and Paideia in Ancient Greece*), New York, 1994, 页 197–213。

② [M本注] 小狄奥尼修斯掌权后不久就召回了被流放的斐利斯图斯（Philistus），这里是指他吗？或者是指别的哲人和智术师？比如阿里斯提普斯（Aristippus），此人是僭主的谄媚者。

[Bu本注] 狄奥尼修斯款待过的哲人和智术师，据说有昔兰尼的阿里斯提普斯、苏格拉底的学生埃斯基内斯（Aeschines）、波吕克塞努斯（Polyxenus，见《书简二》310c）以及斐利斯图斯（见《书简三》315e）。

③ [B本注] 相传，许多其他哲人也是叙拉古僭主的座上客，其中包括昔兰尼的阿里斯提普斯（普鲁塔克《狄翁传》19.3）、苏格拉底的学生埃斯基内斯、波吕亚库斯（Polyarchos，见阿忒奈乌斯，XII. 545a 以降）和波吕克塞努斯（《书简二》）。这些哲人都反对柏拉图对"善"的看法，因此也反对柏拉图对最好生活的看法。

④ [译注] θεία τινι τύχῃ [神意]，这一表达亦见 336e3, 337e2。

年轻和渴望;① 他说,狄奥尼修斯会多么热切地［渴望］哲学和教养,他自己的侄儿们和家人们②会多么容易受到③我一直教导的［a5］那种学说和生活影响,从而极大地激励狄奥尼修斯;所以,惟趁现在才会实现所有的希望:哲人们与强大城邦的统治者们［328b］结合为一。④

他这样来鼓舞我,还说了许多其他类似的话。至于我的意见,我却有些担心年轻人们的［性情］究竟会变成怎样——因

---

① ［B本注］其父死于公元前367年初,小狄奥尼修斯时约30岁。公元前399/8年,老狄奥尼修斯迎娶罗克里的多里斯,也就是小狄奥尼修斯的母亲。另一方面,公元前356/5年,小狄奥尼修斯退隐罗克里时,把奥图基亚（Ortygia）城堡交给儿子阿波罗克拉特（Apollocrate）掌管,当时阿波罗克拉特接近20岁。

② ［B本注］是指狄翁的姐姐阿里斯托玛克给老狄奥尼修斯生的儿子希普帕西努斯和努塞奥斯（Nysaios）吗?根据对324a的假设,那就不可能是希普帕西努斯,因为他在公元前354/3年才21岁,因此在公元前367也就是8岁,而努塞奥斯比他还小。若接受这一假设,我们就得认为是指狄凯奥绪内（Dikaiosyne）和阿瑞特分别与勒普提涅斯（Leptines）、忒阿希达（老狄奥尼修斯的两个兄弟）所生的孩子。若不接受,那就需要重新考虑324a处希普帕西努斯的年龄。

［S本注］这里不是指希普帕西努斯,因为他太年幼不可能对自己的胞兄（同父异母兄弟）有什么影响力。但据《书简四》的注疏,老狄奥尼修斯的两个兄弟还娶了狄翁的姐姐。因此,在叙拉古的宫中,狄翁很可能有几个侄子跟小狄奥尼修斯同岁或年纪相若。

③ ［译注］εὐπαράκλητοι［易受影响］此词在柏拉图作品中仅见于此处。

④ ［B本注］令人想起《王制》所拥护的理想（V.473d-e, VI.499b以降）及上文（见326a-b）。

［译注］συμβῆναι原为"两腿并在一起站立",引申作"接近、相遇、走到一起",大多数西文译本都将此句意译为:"同一些人变成既是哲人,也是大城邦的统治者。"

为年轻人的渴望变得快,而且常常变得与原来相反;① [b5] 但我也知道,狄翁灵魂的性情天生沉肃,② 而且已经到了适度成熟的年纪。③ 因此,我再三考虑,踌躇着是应该接受邀请出行还是怎样。最终我还是倾向于认为,④ 如果哪天谁要着手实现 [328c] 这些对法和政制的构想,现在就必须尝试;因为,只要我完全说服一个人,⑤ 我就能成就所有的好。就是带着这一想法和冲动,我离家起航,但并非出于一些人所猜想的 [原因],⑥ 而是 [c5] 根本上出于对自己的羞耻,以免我有一天会觉得自己完全只是一个彻头彻尾的言辞家,⑦ 永远不会自愿插手任何行动,也以免我可能会被认为首先是背叛 [328d] 与狄翁的主客之谊和伙伴关系,因为他当时的处境确实相当危险。⑧ 要是他遭受了什么不幸,或是被狄奥尼修斯和其他仇敌驱逐,受到流放的他就会来找

---

① [H本注] 关于年轻人的变化不定,见《法义》929c5。

② [译注] 或作"沉稳"。ἐμβριθὲς 词根为 βρῖθος [重量],它既指沉重,也指严肃、庄严,甚至还指暴虐、粗蛮。

③ [B本注] 狄翁生于公元前409年,在老狄奥尼修斯死时已经有42岁。

④ [译注] ὅμως ἔρρεψε δεῖν: H本认为这里的 δεῖν 是赘词,而柏拉图书简的一大特征就是多余的 δεῖ,类似情况见 352a3, 352d1-2。这是一种典型的口语体,E. B. England 称之为"对话性赘词"(conversational superfluity)。

⑤ [B本注] 可能呼应《王制》VI. 502b。

⑥ [M本注] 这里表明,有些人指责柏拉图前往叙拉古的动机。这些人认为柏拉图有什么动机,我们只能加以猜测。

⑦ [S本注] παντάπασι λόγος μόνον ἀτεχνῶς [完全只是一个彻头彻尾的言辞家]:参见普鲁塔克,《狄翁传》11。

⑧ [B本注] 倘若不来叙拉古,柏拉图一是背叛了狄翁,二是背叛了哲学。

我们，当面质问说：①

"柏拉图啊，我这个流亡者到了你这里，不是因为［d5］我没有重甲兵，②也不是因为我缺少骑兵来击退敌人，而是因为缺少言辞和劝说［的能力］，我本人清楚，你最能以言辞和劝说驱策年轻人们追求善和正义，从而每次都能使他们彼此结成友爱和伙伴关系。［328e］正是因为你没在这些方面襄助，如今我出走叙拉古，置身此地。不过，我的遭遇不会带给你多大的耻辱，但哲学③——你一直在赞美的哲学，你说那受到所有其他人菲薄的哲学④——［e5］现在它不是和我一起遭到背叛了么，就你的行为而言？［329a］要是我们凑巧住在麦加拉（Μέγαρα），⑤你多半会前来襄助，响应我对你的召请，否则你就得认为自己是所有人里面最可鄙的一个。所以，你埋怨路途多么遥远、出海多么费

---

① ［H本注］写作对话的柏拉图理所当然会插入直接的文辞；见346a7, e1, 348c5, 349a, b, 以及355a处狄翁的话。

② ［H本注］见322d1。以下是一段重要的证词，表明了柏拉图对门徒们的影响力。

［B本注］重甲兵（ὁπλίτης）一名源于圆形"盾牌"（ὅπλον, 周长约有一米）。这种重甲兵备有头盔、胸甲和胫甲，佩短剑和长矛（约两米长）。在公元前五到四世纪，重甲兵方阵是希腊城邦的主要陆军力量。骑兵象征着财富和地位，但在古典时代，除了在希腊的某些地区和西西里，并不发挥主要的和决定性的作用。需要说明的是，每个公民都要自己付钱买装备，从而成了一种赋税。

③ ［H本注］参《蒂迈欧》47b1："就诸神给予有死的凡人的东西而言，没有比哲学更大的善了，过去没有，将来也不会有。"

④ ［B本注］普通大众对哲学的态度，见《王制》VI. 489a-b, 497a-b, VII. 536b-c, 539c。

⑤ ［B本注］麦加拉距离雅典不算远（30公里到40公里之间）。相传，苏格拉底死后，他的追随者们曾在那里避难，其中就有柏拉图。

时和劳顿,现在你以为你就能［a5］逃脱卑怯（κακία）的名声?绝不可能!"

　　如果他这样说,对此我能给出什么得体的回答呢?不能。于是我去了,尽人之所能地［329b］依据了理性和正义的要求;出于这些理由,我放下了自己那些并非不体面的清闲,① 屈身于看起来与我的学说和我本人皆不相合的僭政之下。② 我这一去,也就从异乡人的保护神宙斯（Διὸς ξενίου）那里解脱了,③ 并能使自己免受［b5］哲学的指责,④ 因为,要是我由于颓唐⑤和胆怯而招致什么不好的羞耻,哲学恐怕会受到责难。

---

　　① ［B本注］在古希腊,διατριβή指广义上的"消遣"（occupation）,但依据语境,也可能是指学校（伊索克拉底,《泛雅典娜集会辞》[*Panathenaicus*], 19.237a）,尤其是哲学学校。完全可以相信,柏拉图是指自己于公元前387年（第一次南意大利和西西里之行结束后）建立的学园。由于这里的事件发生于公元前367年前后,所以学园已经存在了二十年,已成一座重要的学校。相传,柏拉图第二次出行时,把学园托付给了数学和天文学的"带头人"欧多克索斯（Eudoxus of Cnidus）。

　　［译注］διατριβή［清闲］一词见于《书简七》329b2, 33oc1, 338a1,另及《书简五》321c4, 322a2。

　　② ［B本注］此指一种不合乎《法义》卷四（709e以降）所枚举的各种条件的僭政。

　　③ ［B本注］宙斯是异乡人的保护神,保佑他们受到热情地接待。异乡人向宙斯寻求庇护,他们好比乞援人,因对宙斯的承诺——而不是由于他们所属的共同体能够给予的帮助——受到保佑（关于好客的职责,参见《法义》V. 729d-730a, VIII. 843a）。这即是说,好客要求一种交互性。在第一次逗留西西里时,柏拉图受到狄翁的热情接待（328d）,因此对狄翁负有职责。

　　④ ［H本注］τῆς φιλοσόφου μοίρας［哲人的定命］,似乎只是τῆς φιλοσοφίας［哲学］的迂回说法,见《斐勒布》60b: ἡ τοῦ ἀγαθοῦ μοῖρα=τὸ ἀγαθόν。

　　［B本注］类似表达见《普罗塔戈拉》322a3,《克里提阿》121a9。

　　⑤ ［译注］καταμαλθακισθείς［颓唐］此词在柏拉图作品中仅见于此处。

等我一到——因为不应该长篇大论——我就发现，狄奥尼修斯身边处处是内讧，[329c] 僭政面前处处是对狄翁的诽谤。虽然我极力卫护[狄翁]，但我能做的毕竟很少，约莫到了第四个月，狄奥尼修斯指控狄翁图谋夺取僭政，① 把他送上一艘小船，无礼地流放了他。此后，我们[c5]这些狄翁的朋友全都担心，狄奥尼修斯会指控我们中的谁是狄翁的同谋并加以报复。关于我，叙拉古当时流传的一则消息称，我已被狄奥尼修斯处死，因为我是当时整起事端[329d]的祸因。狄奥尼修斯察觉了我们所有人的心绪，也担心从[我们的]恐惧中会滋生更大的事端，于是就热情地拉拢所有人，还特别安抚我，劝我振作起来，并万般恳求我[d5]留下；因为，我从他身边逃开对他可不光彩，我留下来对他才光彩，正是出于这个原因，他才假装热切地恳求。可我们知道，僭主们的恳求都混杂着强迫。[329e]他设法阻扰我出海，把我带进卫城（ἀκρόπολις），② 安顿在一个地方，禁止任何一位船主把我从那里带走，除非他亲自派人过来命令他们带走我；[e5]任何一位商贩，或者把守当地各道出口的长官，③ 也不会坐视我只身离开，他们会当即逮住我，押还给狄奥尼修

---

① [B本注] 实际上，狄翁受到的指控有两点：（1）为了胞姐阿里斯托玛克给老狄奥尼修斯所生的儿子而谋叛小狄奥尼修斯；（2）背着年幼的僭主与迦太基人媾和（普鲁塔克，《狄翁传》14）。应当注意，柏拉图强调谣言在他达到叙拉古之前已经传开，由此证明自己与此完全无关。

② [B本注] "卫城"是僭主修筑的一座宫殿，位于奥图基亚岛上，由海陆两路雇佣军把守。狄奥尼修斯的计策很巧妙，既可以严密监视柏拉图，又可以造成一种假象，让人以为他越来越想接近柏拉图。

③ [B本注] 关于这种把守驿路的官兵，见阿里斯托芬，《鸟》行1212以下；普劳图斯，《俘房》（Captivi）行450以下。

斯，特别是因为当时已经流传着与早前截然相反的消息，[330a] 称狄奥尼修斯非同一般地依恋柏拉图。可实际怎样呢？我应当道出实情。随着时间的推移，通过了解［我的］生活方式和性情，他确实越来越依恋我，但他想要我夸赞他［a5］胜过夸赞狄翁，想要我特别把他看作高过狄翁的朋友，而且他匪夷所思地热衷于达成这一目的。实现这一目的的最美方式——如果当真要实现的话——[330b] 就是学习和聆听关于哲学的言辞，从而亲近并跟从我，但他却对此退缩，[听信] 诽谤者们的各种谣言，唯恐自己一旦受到羁绊，狄翁趁机就会成就一切。① 然而，我强忍住这一切，[b5] 依然坚持我来时原初的想法，期望他或许会渴望哲人的生活，但他的顽拒获胜了。

我到西西里并在那里度过（διατριβή）的最初那段时日 [330c] 就是如此。此后，我离乡远行，② 应狄奥尼修斯热诚之至的召请再次到了那里。③ 我的理由以及我的所作所为是多么合理

---

① ［S本注］斐利斯图斯和其他反改革派看到柏拉图越来越有威望，遂担心改革会首先冲击到自身。他们就劝说狄奥尼修斯，让他认为狄翁在玩弄阴谋，试图用柏拉图的能言善辩使狄奥尼修斯厌弃权力，这样他就能把权力让给自己的亲侄子，也就是他姐姐阿里斯托玛克的儿子。见333c及普鲁塔克《狄翁传》15。

② ［S本注］柏拉图节略了对第二次西西里之行的叙述。实际上，他离开西西里是因为西西里与卢坎人（Lucanie）爆发了战争。见《书简三》317a；普鲁塔克，《狄翁传》16。

③ ［B本注］柏拉图的第三次西西里之行是在公元前361/0年。怎么推算出来的呢？第二次西西里之行是在公元前367/6年，350b-c处，柏拉图最后一次从叙拉古返回时，遇到了观看奥林匹亚赛会的狄翁，之后，狄翁发动了对狄奥尼修斯的远征，时在公元前357年（据普鲁塔克说，启程远征时碰巧赶上公元前357年8月9日的一场月食，见《狄翁传》24.1-3），因此，

和正当（εἰκότα τε καὶ δίκαια），在建议你们［c5］于当前事况下应当怎么做之后，我再来一一道明，以便［答复］那些一再询问我为何愿意第二次去的人，① 免得我把附带的事（πάρεργα）当成了要说的正事（ἔργα）。② 我要说的就是下面这些：

假如一个患病的人却遵循［330d］有损健康的生活方式，则只能首先建议他改变生活，此外无他。③ 要是他愿意听从，就进一步给他别的劝告；④ 可要是他不情愿，谁逃避给这样一个病人建议，我就视其为一个男子汉和良医，⑤ 谁坚持［d5］这么做，我却反过来视其为懦夫和外行。对于一个城邦也是一样，不论它有一个还是许多主人。如若城邦想要得到某个有益的建议，

柏拉图说的要么是公元前364年的奥林匹亚赛会，要么是公元前360年的。尽管如此，据普鲁塔克的一则轶闻（《狄翁传》19.6），柏拉图第三次出行时有赫里孔（Helicon of Cyzicus）随行，这位学园成员成功预言了公元前361年5月12的日食。如果这则轶闻是指这场日食，那就意味着，柏拉图是在公元前361年地中海航季开始时的4月初从雅典启程来到叙拉古，并在公元前360年8月之前离开，由此才能在当年的奥林匹亚赛会上遇到狄翁。

① ［B本注］由此可见《书简七》是一封公开的书简。

② ［M本注］"附带的事" 并非完全不相干。前面的内容是必要的准备，有助于理解柏拉图现在要给出的建议。"建议" 的内容一直要到337e。337e以下都是在讲述柏拉图的第三次西西里之行，除了结尾对狄翁的动机的辩护外。

③ ［B本注］柏拉图惯用政治谋士与医生的类比，见《王制》卷四425e以降，《法义》卷四720a以降。在《高尔吉亚》中（517c以降），这一类比出现在一个更宽泛的语境中。

④ ［M本注］柏拉图显然不确定狄翁的这群亲随是否真诚，是否愿意遵守自己的建议。参见此信的第一句话。

⑤ ［译注］ἰατρικόν［良医］，形容词 "有关医疗的"，暗含 τέχνη［技艺］。S本依据另外两份抄件修改为名词 ἰατρόν［医生］。

而且其政制稳妥地走在正道上，[330e] 给予这些人建议就是有理智的人的分内之事。但要是这些人完全背离正确的政制，也绝不愿蹈循这一政制的轨迹，而且预先警告那位提建议的人不要插手政制，也不要 [331a] 做任何变革，否则就处死他——如果这些人喝令他[们]为自己的意愿和欲望效劳，① 要他[们]建议如何最简便又最快地永久满足自己的意愿和欲望，② 在我看来，上前给出此类建议的人是懦夫，[a5] 却步的人才是男子汉。

这就是我秉持的想法。每当有人就自己生活中某个最重要的问题来求问我的建议——比如怎么赚钱，[331b] 怎么保养身子或呵护灵魂——如果我觉得他每日的生活井井有条，或者如果他愿意听从我对所问之事的建议，我会热心地给他建议，并不会仅仅敷衍一下③ 就了事。但是，如果一个人根本没有 [b5] 求问我的建议，或者显然绝对不会听从我的建议，我就不会主动找这种人给他提建议，也不会强逼他，即便他是我自己的儿子。④ 至

---

① [B本注] 可能是化用《王制》VI. 493a–b。

② [译注] 这句话有三个语法难题。单数的"那个提建议的人"（τῷ συμβούλῳ）变成了复数："[他们]效劳"（ὑπηρετοῦντας）；与"预先警告"相对应的"喝令"应当是分词形式（κελεύουσιν），但这里却是祈愿式（κελεύοιεν）；"意愿和欲望"均是复数，但动词"满足"（γίνοιτο）却为单数形式。

③ [译注] ἀφοσιωσάμενος=ἀφ-οσίοω，意为"净罪、奉献、实行神的指示"以及"敷衍了事"。H本译作"不会满足于给他一个敷衍了事的回答"，并认为此词比喻做一件事情仅仅是走过场（as a mere matter of ceremonial），B本译作"在虔诚地完成使命后才停下"，并下注说：ἀφοσιωσάμενος 透露出宗教意蕴，意为"心怀对神的虔敬（ὅσιοτης）"。

④ [译注] 柏拉图未婚无子。

于一个奴隶,我会给他建议,他若不愿听从,我就逼迫他听从;①
[331c]可要是逼迫一位父亲或者母亲,我就觉得不虔敬了,除
非他们已经精神错乱。②如果他们过着某种陈腐的生活,而且这
生活合他们的意,尽管不合我的意,也不应以无用的斥责激起
他们的怨恨,更不应阿谀逢迎来迎合他们,[c5]想方设法满足
他们的欲望——我宁愿死,也不愿沉迷于这些欲望。一个神清智
明的人应当对自己的城邦抱着同样的想法来生活。假如[331d]
他认为城邦治理得不美,那就直言吧,如果说了不会枉费口舌亦
不会丧命;③但是,对父母之邦他万不可使用暴力(βία)来改变
政制,假如不经流放和杀戮就无法实现最好的[政制],那他就
静默下来,[d5]为自己的和城邦的福祉祈祷吧。④

依照这一原则,我会向你们提建议,如同我曾和狄翁一道
建议狄奥尼修斯,首先每一天都要活得能使自己最大程度地克制
自己,[331e]并能赢得可靠的朋友和同伴,以免他遭受其父那
样的命运。[老狄奥尼修斯]夺取了许多被蛮族人洗劫过的西西
里大城邦,并向那里殖民,⑤却不能在每一个城邦[e5]建立可

---

① [B本注]对待奴隶的方式,见《法义》VI. 777b–778a,尤其777d–e。
② [B本注]对待父母的态度,见《克力同》51c以降,《法义》IV.
717b–d, XI. 929d–e, 931d–e。
[M本注]"父母"无疑代指雅典。这里解释了柏拉图不参与雅典政治
的原因,就此比较《王制》496b–e所言。西塞罗的《致家人书》(*Epistolae
ad Familiares*) I. 9.18引用了这段话。
③ [S本注]见《书简五》322b。
④ [B本注]祈祷是一种与行动相对的隐退态度,就此参看《书简八》
352e,《书简十一》359b,《法义》V. 736d,《王制》VII. 540d, V. 450d。
⑤ [译注]参见《书简三》315d。

靠的统治，因为他找不到真正的同伴，① 无论在［332a］某地来的其他外族人中间，还是在亲兄弟们中间②——是他亲自养育了下面的这些兄弟，把他们从平民变成权贵，从贫穷变得异常的阔气。③他并不能以劝说、教导、恩惠和［a5］血亲关系把这些人中的任何一个变为权力的同盟，④ 因此，他要比大流士（Δαρεῖος）

---

① ［B本注］难以判定柏拉图具体是指哪些城邦。因为，在老狄奥尼修斯统治时期，迦太基人对西西里的希腊人的威胁始终存在。公元前406年，迦太基人入侵，老狄奥尼修斯借机夺得统治权，与迦太基人签订和约，规定大多数希腊城邦保持中立。不过，凭借公元前392年的和约，他把疆域扩展到整个西西里，仅余东边一隅。公元前378年，老狄奥尼修斯在帕诺摩斯（Panormos）失利，迦太基人夺取了阿克哈伽斯（Akragas）的一块地区。最后，公元前368年，老狄奥尼修斯抗击迦太基人的进攻，虽然旗开得胜，但最终让迦太基人在德瑞帕农（Drepanon）掳去了130艘叙拉古战船。

② ［B本注］这一断言有些偏颇。老狄奥尼修斯有三个兄弟：勒普提涅斯、忒阿希达和忒斯特斯（Thestè）。最后一位生平事迹不详，但前两者都曾为僭主效劳，颇有能力，也很忠诚。勒普提涅斯掌管叙拉古的舰队，后来，由于支持公元前389年卢坎人和图里人之间的和约而被解职和流放，但不久就获赦免重返叙拉古。公元前378年，叙拉古人在帕诺摩斯败于迦太基人，勒普提涅斯阵亡。公元前389年勒普提涅斯流亡期间，由忒阿希达掌管叙拉古舰队，出征南意大利时他是老狄奥尼修斯的得力干将。公元前388年，他还曾率叙拉古使团参加奥林匹亚赛会。

③ ［M本注］朋友和忠诚的伙伴非常重要，见325d；另见色诺芬，《居鲁士的教育》8.6.12，8.7.13。狄奥尼修斯有两个兄弟：勒普提涅斯和忒阿希达，两人对狄奥尼修斯很忠诚，柏拉图这里的说法难以理解。

④ ［B本注］约在公元前385年，老狄奥尼修斯的权力达到了顶峰。除了迦太基人在西北部的控制区外，他统治了整个西西里。在南意大利，通过和多里斯的婚姻，他与罗克里结为盟友，借助罗克里控制了直到克拉提河（Crathis）和阿普勒乌斯（Apulée）的整个地区。此外，他的权力还延伸到阿德里亚（Adria）、伊萨岛（Issa）和佛若斯岛（Phoros）。卢坎人和摩洛

差七倍,人家信靠的既不是亲弟兄,也不是自己养育的人,而只是那些助他制服了米底亚人(Μήδου)和[332b]阉人的同盟者。① 大流士分给这些同盟者七份封地,每份都比整个西西里还要大,而且他发现他们很忠诚可靠,既不攻击他,也不相互攻击。他展示了一个榜样,即一位好立法者和好君王应该是怎样的;[b5]因为他通过制订法律而使得波斯帝国一直安然保存到今天。② 此外还有雅典人,他们夺取了众多受蛮族人侵扰③但尚有居民的希腊城邦,尽管并未亲自向这些城邦殖民,[332c]但他们的统治还是维系了七十年,因为他们在其中每一个城邦都有

斯人(Molosses)都与他结盟。正是由于他鼎盛的权力,才会引出他与波斯王的对比。

① [B本注] 这里说的是《法义》III. 695c 讲述的事情,但柏拉图的说法跟希罗多德(《原史》III. 61-88)有出入。居鲁士(公元前559—前530年在位)死后,留下两子:冈比西斯,另一位通常被称作施墨狄斯(Smerdis)。冈比西斯年长,因为去远征埃及,他担心弟弟会篡夺王位,于是就暗杀了施墨狄斯。一位名叫高玛塔(Gaumata)的米底亚玛格僧伪称自己是施墨狄斯,发动了叛乱。冈比西斯被杀,大流士(公元前522—前486年在位)在其他六族的帮助下,重新恢复了秩序。"米底亚的阉人"是指大流士击败米底亚的高玛塔(此处称作"阉人"),夺取了由米底亚人控制的波斯。

② [M本注] 大流士建立的波斯帝国维系了近两百年,而老狄奥尼修斯的弹丸帝国在他生前就逐渐衰落,在他死后不到十年就分崩离析。《法义》卷三695c以下对大流士有类似的颂扬,其中也提到"七个人"(大流士显然是其中之一)光复了波斯帝国。贝希斯敦(Behistun)的铭文和希罗多德的记载证实,大流士确实有六位同盟相助;奇怪的是,贝希斯敦的铭文和希罗多德都说大流士把国土分成了二十多块辖地,柏拉图却说分成了七份。

③ [H本注] ἐμβεβλημένας[侵扰]:修昔底德用此词(主动态、被动态都有)描绘舰船之间的冲撞。"七十年"大概指公元前478至前407年间的这段时期。

朋友。① 可老狄奥尼修斯呢，虽然把整个西西里联结成了一个城邦，②但因为他的"智慧"（σοφία），他不能信任任何人，只能勉勉强强保住性命。因为他缺少可信赖的朋友，[c5] 而对于美德和恶德而言，最鲜明的标志莫过于是否缺少这样的朋友了。

  这些就是我和狄翁对狄奥尼修斯的建议。由于他父亲的疏忽，[332d] 他不仅没有接触过教养，也没接触过适宜的交往（συνουσιῶν）。③ [我们建议] 他首先……，④ 一旦开始为此努力，他就要在家人以及同龄人中为自己赢得其他齐心追求美德的朋友，但最重要的是，[d5] 他要成为自己 [齐心追求美德的朋友]，因为他在这方面惊人地欠缺。我们并没有说得像这样清楚明白——因为这么做并不安全——而是说得很隐晦，并且坚决主张，每个这样做的男人将会拯救自己和他统帅的所有人，[332e]

---

  ① [M本注] 数字为大约，即从公元前478/7年建立提洛同盟到公元前404年伯罗奔半岛战争结束，共持续了73年。意外的是，柏拉图对雅典帝国给予了极大的肯定，参见351b。

  ② [B本注] 老狄奥尼修斯效仿格隆和希耶罗，完全按照一己之利来操纵百姓。统治期间，他把西西里东部近乎所有城邦的百姓都转移到叙拉古，受自己奴役。

  ③ [B本注] 在掌权之前，小狄奥尼修斯一直无所事事，接触的都是些毫无价值的东西（参普鲁塔克，《狄翁传》9.2）。

  ④ [译注] 伯奈特认为"首先"一词对应330d7-e1的文意，后面应有阙文，或为柏拉图有意省略以免重复，故补充省略号，修校为 πρῶτον…ἔπειτα ταύτῃ ὁρμήσαντα（ἔπειτα ταύτῃ 是 ἐπὶ ταῦτα 的口语化）。若取此种修订，就当译作"首先 [要每一天活得能使自己最大程度地克制自己……]，一旦开始奔向这个目标，接着要……"（P本、H本译法）。苏依耶、布伦特不取此种修订，仍按原抄件校回为 πρῶτον ἐπὶ ταῦτα ὁρμήσαντα，为随后的大多数译本采用（M本、B本译法）。另外，纳伯（Knab）校作 …πρῶτον, ἔπειτα ταύτῃ ὁρμήσαντα…。从前后文脉看，伯奈特的修订不无道理。

而要是不转向这条路,结局就会截然相反。一旦他踏上我们所说的这条路,并把自己变得神清智明和节制,那么,要是他想殖民那些荒弃的西西里城邦,①用法和政制把它们联结在一起,使得它们对他和对彼此 [e5] 如同一家以共抗蛮族人,② [333a] 他就会不仅仅两倍地扩充其父的统治疆域,而是会扩充许多许多倍;因为,如果这些实现的话,那就能轻松地奴役迦太基人——比当初格隆 (*Γέλων*)③ 对他们的奴役更加有力,而不是像现在这样,

---

① [B本注] 公元前406年迦太基人入侵时,革拉(Gela)、阿克哈伽斯、卡玛里纳(Camarina)几成空城,而老狄奥尼修斯没有任何举措来重新殖民这些城邦。他用来镇压公元前403年叛乱的雇佣军占据恩特拉(Entella),杀死男丁,占有了所有妇女。公元前404—前402年间,老狄奥尼修斯围攻西库人(sicules)多个聚居点,驱逐卡塔内(Catane)和纳克索斯(Naxos)的居民,赐予离开故土的勒翁提尼人(Leontini)以叙拉古公民身份。公元前398年,他采取三光政策,夷平摩提乌斯(Motyè),摧毁美塞尼(Messine);后来,他安排来自罗克里和美德玛(Medma)的殖民者和美塞尼的流民重新殖民了美塞尼。迫于拉刻岱蒙人的威胁,他把这些流民向西转移了五十公里,靠近大海。美塞尼人称这个城邦为图达里斯(Tyndaris)——唯一真正由老狄奥尼修斯建立的城邦。公元前392年,通过与迦太基人的和约重新获得陶若美尼翁,老狄奥尼修斯驱逐了西库人,用雇佣军取而代之。

② [B本注] 令人想起阿尔喀比亚德的看法(修昔底德,《伯罗奔半岛战争志》VI.17.2-3):西西里各个城邦缺少团结,是发动公元前415—前413年远征的决定性理由。

③ [S本注] 格隆原是革拉城僭主希珀克拉底(Hippocrates)的骑兵统帅,后在公元前490年僭主死后成为僭主。他征服了叙拉古,并以叙拉古作为卫都。公元前480年,迦太基人在哈米利喀(Hamilcar)统率下,入侵西西里并围攻希迈哈(Himera)。格隆赢得一场著名的胜利,诗人西蒙尼德斯将之比美于撒拉米斯(Salamis)海战和普拉提亚(Platea)之战。惊恐之余,迦太基求和。格隆没有处理腓尼基人在西西里的殖民地,只是要求战争赔款两千塔仑特,并建立两座神庙存放和约。

他的父亲反倒［a5］要按约定向这些蛮族人纳贡。①

这些就是我们对狄奥尼修斯的劝说和鼓动，而各方流传的消息却说，我们图谋推翻他。这些消息最终操控了狄奥尼修斯，致使狄翁受到流放，而我们［333b］也陷入了恐惧。② 不过——为了说完那些短时间内所发生的并不算少的变故——狄翁从伯罗奔半岛和雅典回来后，以行动③斥责了狄奥尼修斯。④ 却说，在狄翁两度解放城邦又两度交还给叙拉古人之后，⑤［b5］当时叙拉古人对他的态度却变得和狄奥尼修斯一样。狄翁试图教育狄奥尼修斯，培养他成为一位配得上权柄的君王，由此和他共享整个生活，但狄奥尼修斯却与那些［333c］诽谤者为伍，这拨人说，狄翁图谋［夺取］僭政，他之所以做他现今所做的一切，是为了用教养迷惑狄奥尼修斯的心智，使得狄奥尼修斯无心权位，最终

---

① ［H本注］公元前480年，格隆取得希麦哈之战的胜利，迫使迦太基人赔款2000塔仑特。公元前379年，老狄奥尼修斯在克劳尼翁（Kronion）之战败北，缔结和约，不仅把他征服的哈吕科斯（Halykos）西部交还迦太基人，而且赔款一千塔仑特。A. Holm（《古西西里史》[Geschichte Siciliens im Allerthum] 卷二，1874，页142）提示，这笔赔款是分期偿付的，从而可以解释狄奥尼修斯纳贡给蛮族人的说法。

② ［B本注］见329d。

③ ［B本注］这里的"行动"（ἔργῳ）对应于上面几行的"劝说"（λεγόμενα）。

④ ［H本注］狄翁从被流放到返回叙拉古，大约间隔了十年，因此并非"短时间"。应当注意，柏拉图强调，狄翁的远征始足于雅典，也同样始足于科林斯和伯罗奔半岛。

⑤ ［B本注］第一次是在公元前357年，狄翁结束流放，控制了叙拉古。第二次是在公元前356/5年，狄翁在自愿离开叙拉古避居勒翁提尼之后，再次返回并驱逐了狄奥尼修斯的爪牙努普西奥斯（Nypsios）。

［译注］参见《书简八》356a的相似说法。

交托给他，而狄翁正欲篡权，阴谋把狄奥尼修斯［c5］逐下权位。这些传言当时获胜了，而且在叙拉古人中间第二次获胜了，对那些造就这场胜利的人来说，真是场极其荒谬且无耻的胜利。

这些是怎样发生的，那些［333d］促请我为当前的事况出面的人应当听听。我，一位雅典人，狄翁的同伴，也是他的盟友，来到僭主面前，是为了用友爱取代争斗；但在与诽谤者们的对抗中，我输了。狄奥尼修斯试图以荣誉［d5］和钱财说服我站在他这边，做他的证人和朋友，以便表明他有理由放逐狄翁，但他的算盘完全落空了。后来，狄翁从流放中回到家乡，[333e] 他从雅典带来了两个兄弟，① 他们结成朋友，不是通过哲学，而是像大多数的朋友那样通过普通的伙伴关系——大多数的朋友经营这类伙伴关系，则是通过殷勤好客以及加入并参与秘仪。②［e5］这两位陪着狄翁回来的朋友就是这样：靠着这些手

---

① ［B本注］普鲁塔克（《狄翁传》54.1）只提到卡利普斯。奈波斯（《狄翁传》9）提到两兄弟的名字卡利克拉底（Callicrates）和斐洛斯特拉图斯（Philostratus）。很有可能，卡利普斯在夺取最高权力后改名为卡利克拉底，因为这个名字更响亮。在雅典时，狄翁曾住在卡利普斯家中（普鲁塔克，《狄翁传》17.2）。

② ［B本注］动词 μυεῶ、ἐποπτεύω 指每年春秋两季在雅典举行的厄琉西斯大小秘仪。小秘仪是准备仪式，之后人们在大秘仪中领受最高启示，从而成为 μύστης［静默者、保守秘密者］，即不应泄露秘仪过程启示的秘密。仪式通常到此为止，但可在一年之后进入更高境界，成为 ἐπόπτης［静观者、冥思者］（关于这些等级，见《斐德若》250b 以降，《会饮》210a 以降；普鲁塔克，《德米特里乌斯传》[Demetrius] 26.1-2）。应当注意，在与哲学对比的语境中，柏拉图对这些秘仪持否定态度。

[H本注] μυεῖν 和 ἐποπτεύειν 相互补充："引领人入教和被引领入教。"这暗示卡利普斯介绍狄翁参与了厄琉西斯秘仪（Eleusinian Mysteries）。

段以及在回程上的帮忙,他们才成了狄翁的同伴。但当他们到了[334a]西西里,发觉狄翁受到诽谤——他亲自解放的西西里人指控他图谋成为僭主——于是他们就不仅背叛了这位同伴和异乡人,甚至可以说亲手杀害了他,因为他们手握着[a5]武器站在那些凶手旁边帮忙。① 对于这一可耻和不虔敬的行为,我本人绝不会宽宥,但也不会评论什么,因为,业已有许多其他人在反复讲这些事,[334b]而且今后亦将如此;② 但对于涉及雅典人的说法,亦即这两个人使这座城邦蒙受羞耻,③ 我却不能放过。因为我要说,拒绝背叛同一个狄翁的也是一位雅典人,尽管他能够获得钱财和好多其他荣誉。[b5]因为他成为狄翁的朋友,不是靠庸俗的交情,而是由于自由教养的纽带——一位有理智的人所应信任的只是这种纽带,而远远不是灵魂和身体上的亲缘。④ 所以,[334c]杀害狄翁的这两个人并不足以成为这座城邦的耻辱,

---

① [B本注]奈波斯(《狄翁传》9)、普鲁塔克(《狄翁传》54.1-4)都讲述了狄翁被杀的情景,内容大致相同。由卡利普斯带路,密谋者围住了狄翁的住所。两个没带武器的扎琴图斯(Zacinthus)的年轻人闯入房中(扎琴图斯岛是狄翁远征出发时的集合点,见普鲁塔克,《狄翁传》22.8),扑向狄翁,试图勒死他。眼见无法得手,他们就叫人递武器。一个名叫吕孔(Lycon)的叙拉古人从窗口递过一把匕首,狄翁正是死于这把匕首。

② [B本注]可能暗指学园内部对此事意见纷纭。亚里士多德曾说,狄翁被杀"似乎并不完全违背正义"(《修辞学》I. 12.1373a)。

③ [B本注]可能化用《苏格拉底的申辩》38c:苏格拉底称自己的死将使雅典名誉扫地。

④ [M本注]这里列举了三种友爱的基础:庸俗的交情($βάναυσος\ φιλότης$),灵魂和身体上的亲属关系($συγγένεια\ ψυχῶν\ καὶ\ σωμάτων$),自由教养的纽带($ἐλευθέρας\ παιδείας\ κοινωνία$)。参见亚里士多德对友爱的讨论,《尼各马可伦理学》卷八和卷九。

好像他们曾几何时成了值得一提的人物。

我说这一切，都是为了建议狄翁的各位朋友和亲人。除了这些，我还要第三次向你们重复［c5］那同样的建议和同样的主张。① 西西里不应受任何人主奴役，其他城邦亦然，而应听命于法——这就是我的主张。因为，无论对奴役者还是对被奴役者而言，［334d］无论对他们自己还是他们的后世子孙而言，这样的奴役都不是更好的；尝试这么做是自取灭亡，禀性渺小和卑屈的灵魂才热衷于争抢这种好处，因为它们根本不知道来世和今世那些属神和属人的善和正义。②［d5］这些就是我试图劝说的内容，当初第一次是劝狄翁，第二次是劝狄奥尼修斯，现在轮到第三次来劝你们。念在宙斯这第三位救主的份上，③ 你们要听我劝，还要瞧瞧狄奥尼修斯和狄翁：前一位不听劝，因而现今活得并不高贵；④［334e］后一位听劝，因而死得高贵。因为，为了寻求那些

---

① ［B本注］334d对此进行了说明。第一次是建议狄翁（327a以降），第二次是建议狄奥尼修斯（331d以降），现在是第三次建议这封信的收信人。柏拉图把这三重关系与三次奠酒仪式联系起来，同时也对应体育比赛三局制的规则。

② ［译注］善和正义，唯独缺"美"，同参328d7-8："驱策年轻人们追求善和正义。" 另见327d3，"最美和最好的生活"；330a7，"实现这一目的最美方式"；344c7，"最美之域的某处"；334e2，"对自己和城邦最美的东西"；342d4-5，"适用于善、美、正义"；《书简四》320a4，"对最美之物的抱负"。

③ ［B本注］见340a。这一表达是谚语，指献给救主宙斯的第三次奠酒，第一次奠酒献给宙斯和奥林匹亚诸神，第二次献给诸英雄。见《王制》IX. 583b；《卡尔米德》167a-b，《斐勒布》66d，《法义》III. 692a。

④ ［B本注］狄奥尼修斯把奥图基亚城堡交予儿子阿波罗克拉特执掌，自己逃离了叙拉古（Diodore, XVI. 17-18；普鲁塔克，《狄翁传》37.1-4；阿忒纳乌斯，《哲人燕谈录》XII. 541c-e）。他流落到罗克里，荒淫度日。

对自己和对城邦最美的东西，一个人经受可能要经受的一切，这完全正确和高贵。因为，我们中间没谁能逃脱一死，① 即便有人能不死，也不会如大多数人所认为 [e5] 的那样变得幸福。因为，没有灵魂的生命也就谈不上什么坏和好，② [335a] 坏和好属于每一个灵魂，不论灵魂与身体联在一块儿还是分离开来。③ 必须永远真正地相信那些古老而神圣的说法，④ 这些说法告诉我们，灵魂是不死的，一旦一个人摆脱了身体，灵魂就会受到审判，并遭受 [a5] 最严重的惩罚。⑤ 因此必须认为，与犯下极大的罪行和不义相比，承受这些罪行和不义的坏处更小。⑥ 那贪财⑦

---

① [H本注] 335a 说灵魂不死，这并不是前后矛盾。人由灵魂和身体联构而成（《斐德若》246c）。好的和坏的东西专属于灵魂，见《法义》896c-d。

② [译注] 此句直译当作：对那些没有灵魂的东西而言，任何坏和好都不值得一说。

③ [M本注] 意思似乎是这样：凡拥有灵魂的东西，都难逃一死；如果人们认为不死就能变得幸福，那就错了，因为这意味着，我们是没有灵魂的造物，因此就不能体验好或坏。

④ [B本注] παλαιοὶ καὶ ἱεροὶ λόγοι [古老而神圣的说法]，这一表达在《法义》中至少出现了五次（IV. 715e, V. 738c, IX. 865d, 872e, XI. 927a），亦见于《斐多》（70c）、《美诺》（81a）等早期对话。这显然指一种宗教教义，但到底是什么教义？人们最常说到的是俄尔甫斯教义，因为最出名的俄尔甫斯教祷歌题为"24首祷歌圣言"（ἱεροὶ λόγοι）。但这首祷歌的形式和标题较为晚出。

⑤ [B本注] 灵魂死后受审判，见《高尔吉亚》《斐多》《王制》和《法义》的末世神话。

⑥ [B本注] 《高尔吉亚》469b 以降、523b 以降阐发了这一学说。

⑦ [B本注] 柏拉图认为，人的灵魂包含不死的和有死的两个部分。不死的部分等于理性（νοῦς）。有死的部分又分成两块：血气（θυμός），负责人在面对内部或外部的危险时进行卫护；欲望（ἐπιθυμία），掌管人的保存和繁育，所有与饮食、性，尤其是钱财相关的欲望都集中在这里。钱财是满足所

［335b］但灵魂贫乏的人不听这些——即便听到也只会任意地讥笑——毫不羞耻地到处抢掠一切，好比一头野兽，只要他觉得有什么能让自己大吃大喝，或者饱享那种奴性的和低俗的快乐——以阿芙洛狄忒来称谓［b5］这种快乐实属不当；① 他像是瞎子，看不到每一桩不义之举永远伴有多么大的坏处，因为那些抢掠的东西夹带着不虔敬，② 行不义者必然要受这种不虔敬拖累，不论他在大地上奔波时，还是［335c］在地下经历那毫无颜面又凄惨透顶的旅程时。③

我本人说了这些和其他类似的话来劝狄翁，对于那些杀害

有其他欲望的主要手段，因此，"贪财的人"（$\varphi\iota\lambda o\chi\varrho\dot{\eta}\mu\alpha\tau o\varsigma$）是受灵魂中最低的部分即欲望统治的人。

［H本注］"贪财"应该翻成"贪婪"，依据《王制》580e，它涵盖了所有欲望。"灵魂的贫乏"让人想起《王制》579e："（真正的僭主）的欲望得不到任何满足，他就表明自己最需要最多的东西，而且实际贫乏，倘若一个人知道如何把灵魂看成一个整体。"这里对僭主的描绘在语言上与《王制》卷九类似。

① ［B本注］这一表达见《斐勒布》12b。整个段落呼应《斐多》81b，可能还有《高尔吉亚》493e。

② ［B本注］《法义》（X. 904a-905c）最详备地阐发了死后惩罚的学说（与灵魂转世的学说相联系），但这一学说要早得多：见《王制》X. 612e以下，《斐德若》256d。此外，$\tau\tilde{\omega}\ \dot{\alpha}\delta\iota\varkappa\dot{\eta}\sigma\alpha\nu\tau\iota\ \sigma\upsilon\nu\varepsilon\varphi\dot{\varepsilon}\lambda\varkappa\varepsilon\iota\nu...$［行不义者受拖累］似乎是化用《斐多》80e。

［译注］$\dot{\alpha}\nu o\sigma\iota o\upsilon\varrho\gamma\dot{\iota}\alpha$［不虔敬］一词在柏拉图作品中仅见于此处，类似构词见《书简八》352c3。

③ ［H本注］"地下旅程"（$\pi o\varrho\varepsilon\dot{\iota}\alpha\ \dot{\upsilon}\pi\dot{o}\ \gamma\tilde{\eta}\varsigma$），见《斐德若》256d6，《王制》615a2。

［译注］335b1-c1希腊文比较费解，相关训释见R. S. Bluck, "Notes on Plato's Seventh Letter", *The Classical Review*, Vol. 60, No.1 (1946), 页7-8。

他的凶手，我本人理当予以怒斥，正如我理当怒斥狄奥尼修斯一样。因为这两方极大地伤害了我，[c5] 甚至可以说，也极大地伤害了所有其他人：那些凶手毁灭了一个愿意践行正义的人，而狄奥尼修斯虽说握有最大的权力，[335d] 却根本不愿在整个邦国践行正义。要是哲学与权力在他的邦国真正结合的话，① 万丈光芒将会照耀所有希腊人和蛮族人，并在所有人心中充分确立那一真实的意见，② 即：[d5] 没有哪个城邦或人能变得幸福，除非他凭借睿智在正义的指引下度过一生，不论他自身拥有［睿智和正义］，还是因虔敬者们的统治而在性情方面得到了恰当的培育和教养。[335e] 狄奥尼修斯造成了这些伤害；对我来说，其他伤害与此相比都不算什么。

然而，杀害狄翁的凶手③ 并不知道，他造成了跟狄奥尼修斯一样的伤害。因为，我非常了解狄翁——就一个人能够对他人下断言的方面来说——[e5] 倘若狄翁执掌邦国，他无论如何都不

---

① ［B本注］回应柏拉图的政治活动所基于的原则，见《王制》V. 473c 以下，《法义》IV. 711e–712a，《书简二》310e。

② ［B本注］"真实的意见"暗指《美诺》结尾阐发的学说。真实的意见缺少对原因的认识，从而与知识（ἐπιστήμη）区分开来。一个人获得了真实的意见，就可以恰当、正确地行事，但不能解释这样行事为什么好。因此，从这种态度产生的美德"既不是出于天性，也不可以教授，而是神的赐予，人们受赐而不自知。如果不是这样，政治家当中就必定有一位能使其他人也成为政治家"（《美诺》99e–100a）。拥有知识的人则能够灌输真实的意见，引导他人获得美德。这类人就是哲人，不论他们是天生的哲人，或是在结合了智慧和权力的人的影响下成为了哲人（《法义》VI. 751c-d 更清晰地阐述了这一观点）。

③ ［译注］柏拉图把"杀害狄翁的凶手"变成了单数的"他"，下面的动词"知道"（οἶδεν）、分词"造成"（ἐχειργασμένος）都是单数形式。

会［336a］转向其他统治形式，而是会像下面这样：首先转向叙拉古，他自己的祖国，解除她所受的奴役，洁净她并赋予她自由的装扮，① 然后他会尽一切手段，以适宜的和［a5］最好的法来管束城邦民；接下来，他热切想要做的就是殖民整个西西里，把西西里从蛮族人手中解放出来，驱逐一部分蛮族人，再比希耶罗（Ἱερῶν）更轻松地驯服余下的蛮族人。② 如果一个［336b］正义、勇敢、节制且爱智慧的男子汉实现了这些，大多数人就会获得有关美德的同一个意见，甚至于可以说，要是狄奥尼修斯听劝，所有人都会获得这一意见，并因而得到拯救。可如今呢，也许某位精灵或某位［b5］复仇女神③降临，带来了不守法、不信神，最糟糕的是，带来了源于无知（ἀμαθία）的胆大妄为——从无知中，波及所有人的所有恶生根发芽，并将最终给那些亲手种下这些恶的人结出最苦涩的果实——就是这种无知在第二次时

---

① ［B本注］这里表达了两层意思：奴隶与公民的衣着不同（阿里斯托芬，《吕西斯忒拉塔》[Lysistrata] 行 1150 以下，《妇女公民大会》行 721 以下；《王制》VI. 495e）；依照习俗，被释为自由民的奴隶要用水沐浴并/或饮水。在斯巴达，"得到自由的" 希洛人（hilotes）要头戴花冠，绕城内神庙一周（修昔底德，《伯罗奔半岛战争志》, IV. 80.4）。

② ［H本注］柏拉图可能把希耶罗误当作了格隆。

［B本注］希耶罗是格隆之弟，于公元前478年继任僭主。如果这里没有混淆两者，那就可能是指希耶罗的三大事功：约公元前471/0年建立埃特纳（Aitna），品达和埃斯库罗斯都歌颂过；公元前474/3年的库迈（Cumes）大捷，希耶罗的舰队一举全歼伊特鲁利亚人的海军；公元前480年格隆赢得希迈哈（Himera）大捷，其中也有希耶罗的功劳。

③ ［B本注］神灵对人事的干预，参见326e, 351c,《书简八》357a。这可能是说，杀害狄翁的凶手之所以行此举，是由强大的 "复仇女神" 促使，因为狄翁杀了赫拉克雷德斯。关于 "复仇女神"，见《法义》IX. 865d。

倾覆并毁灭了一切。①

[336c] 眼下，为了有个好兆头，我们这第三次要说些吉利话。不管怎样，我还是建议你们这些狄翁的朋友，要效仿他对祖国的热爱和节制的生活方式，并依照更好的征兆 [c5] 努力完成狄翁的遗愿——他的遗愿是什么，你们已经听我讲清楚了——你们中间谁要是不能遵照祖辈的习惯过多里斯式的生活，② [336d] 反而追求杀害狄翁的凶手们的生活和西西里的生活，那就不要召他入伙，也别指望他哪天会干出什么忠诚和有益的事儿；为了整个西西里的殖民与公平（ἰσονομία），你们还要请别人来帮忙，从西西里本地 [d5] 和伯罗奔半岛各地请人，而且也不要害怕雅典；因为，那里的人在美德上胜过所有人，而且他们憎恶那些杀害异乡人之徒的胆大妄为。③

不过，假使以上这些晚时才能实现，而内乱中 [336e] 每

---

① [译注] 由于这里的指示代词是阴性的 αὕτη，既可以指复仇女神（ἀλιτήριος），也可以指无知（ἀμαθία）。B 本、S 本均作"复仇女神"，H 本作"无知"，并从语法上进行了说明。

[M本注] 据《法义》III. 688c 以下，促使阿尔戈斯和美塞尼王国覆灭的就是无知。

② [B本注] 多里斯人以生活规律、节制闻名，柏拉图经常触及这一主题（《王制》III. 398e 以下，《拉克斯》188d 等）。还应注意，在定居西西里的殖民者中，多里斯人最多，"祖传的"即指此。

[译注] 叙拉古由来自科林斯的多里斯人所建，与科林斯关系密切。

③ [B本注] 呼应 334b 的说法；这里可能化用了《法义》开头拉刻岱蒙人梅吉洛斯的话："许多人说得很对，那些好雅典人在很多方面都好。只有他们是因为自己的天性而不是因为强制是好的，他们是真正的好，而不是人工造成的好。"（I. 624c）

天涌现的众多的各种争执正催迫着你们，① 那么，凡受上天赐予了一丁点儿正确意见的男子汉都应当知道：内乱中各方所遭受的不幸不会止息，直到在争斗中胜出的一方［e5］不再恶意地流放和杀戮平民，［337a］也不再转而报复仇敌，而是克制自己，制定不偏不私的法律，不把自己的快乐置于败方的［快乐］之上，从而以敬畏和恐惧这两重强力（ἀνάγκαις）逼迫败方遵守这些法律——［a5］恐惧，是因为［胜方］在实力上明显超乎他们之上；敬畏，则是因为［胜方］显得超乎快乐之上，更愿意也更能够顺服于法。② 若不如此，深陷内乱的城邦便［337b］永远不能消除不幸，在那些自身处于这种状态的城邦中，种种纷争、敌意、仇恨和怀疑会连绵不断。③

胜出的一方始终应当——不论他们什么时候渴望安宁——亲自［b5］从希腊人中选出他们听说的最优秀的男人：这些男人首先得有些岁数，④ 家中有妻儿，上面有极其德高望重的先辈，而且全都有殷实的家产——［337c］对于一座万人城邦，五十个这样的男人足够了；应当百般恳求这些人，把他们从家里请

---

① ［B本注］普鲁塔克暗示，狄翁死后，狄翁的同伴们面对着各种内乱（《提蒙勒翁传》［*Timoleon*］1.2）。

② ［H本注］参见《王制》465a10："因为有两个强大的卫士在约束他们：畏惧与羞耻（δέος τε καὶ αἰδώς）"。

［译注］αἰδώς 有时与 αἰσχύνη［羞耻］同义，但有更为肃穆的意味，更贴近英文中的 awe 或 reverence，有虔敬的意味。释词见 Thomas Pangle 译，*The Laws of Plato*, Chicago, 1980, 页518, 注55。

③ ［B本注］这个长段落复述了柏拉图在《法义》卷一 628a-d 所提出的建议（另见 IV. 715c-d）。

④ ［H本注］这些条件与《法义》中（765d）对教育督察者的要求类似。

来，并许以至高的荣誉；请来之后，应当请求并命令他们立法，并要他们起誓绝不偏向胜利者，[c5] 也绝不偏向失败者，而是给予整个城邦平等和共享。① 立法之后，一切便都取决于下面这一点了。如果胜利者能让自己 [337d] 比失败者还顺服于法，那么到处都将充满着安宁和幸福，各种不幸将随之远离；可要是不能，就别来请我或其他伙伴帮助不听从当前这些吩咐的那个人。因为，这些吩咐近似于② [d5] 当初狄翁和我为了叙拉古人而试图联手施行的计划，尽管是第二好的计划（δεύτερα）。③ 第一好的（πρῶτα）是先努力和狄奥尼修斯本人一道实现惠泽所有人的共善，但比人更强大的某种机运击碎了 [这一计划]。[337e] 不过，借着某种好运和神意，你们这一次要奋力更顺遂地（εὐτυχέστερον）实现这些。④

---

① [B本注] 这里所酝酿的方案在《书简八》（356c 以下）得到了完善，而且令人想起《法义》中为克诺索斯将要建立的殖民地立法的十人委员会（III. 702c-e）。"万人城邦" 指一个大得恰好的城邦，既不太小，也不太大（就此参考 H. Schaefer, πόλις μυριάνδρος, Historia 10，1961，页 292-317，尤其页 295）。不论公民人数有多少，对于叙拉古这样的大邦，五十人足够了。

② [译注] "近似于" 实际是 "姐妹"（ἀδελφά）。

[B本注] 柏拉图常用这一比喻，如 349e；《王制》III. 401a，VII. 530d；《蒂迈欧》67e；《法义》III. 687e，VII. 811e。

③ [B本注] 不知是指时间上的先后，还是价值上的轻重。

[H本] 第一个方案见 335d1，第二个方案指狄翁死前要进行的改革，他从科林斯请来一帮人，负责设计一套贵族统治的方案，见普鲁塔克，《狄翁传》53。柏拉图说他跟狄翁联手行动，可能是指他曾为这个方案出谋划策。

[Bu本注] 在理想国之下，法治是第二好的，见《治邦者》297d 以下。

④ [Bu本注] 暗指狄翁在勒翁提尼的同伴在希普帕西努斯的领导下推翻卡利普斯。

我的建议和吩咐以及我初访狄奥尼修斯的经历就说到这里吧。至于后面那次旅程［e5］和航行发生得多么合理（εἰκότως），同时又多么适宜（ἐμμελῶς），想要听一听的人接下来可以如愿了。

［338a］如我所说，在给狄翁的家人和同伴建议之前，我详细述说了我在西西里度过的最初那段时日。① 这些事情过后，② 我尽己所能劝说狄奥尼修斯放我走，对于和平后的安排——因为当时西西里陷于战事③——［a5］我们双方达成了约定。狄奥尼修斯说，一旦他觉得邦政安定下来，他便会再次派人来请狄翁和我；他还让狄翁［338b］不要想着自己现在受到流放，要想着只是迁居而已。④ 既然他这样说，我便答应再来。迎来和平后，狄奥尼修斯派人来请我，却要求狄翁再等一年，并坚持我无论如何都要来。狄翁［b5］催促并请求我赶快启程。因为从西西里传来许多消息，说狄奥尼修斯这会儿再次令人惊异地渴望哲学，为此，狄翁急切地请求我们不要回绝这次召请。我当然清楚，［338c］年轻人们对哲学常有这样的变化，⑤ 可我还是觉得，至少这时候不要理会狄翁和狄奥尼修斯更为稳妥，于是，我答复说自

---

① ［译注］参见 330b8-c1 的类似表达。

② ［P 本注］指 330b 所描述的那些事情。

③ ［B 本注］不确定是哪场战事。

［S 本注］见《书简三》317a。ἐν Σικελία［在西西里］并不是说战争在西西里举行，因而可以看作是指狄奥尼修斯对卢坎人发动的战争。

［H 本注］柏拉图不可能弄错事实，他也不可能是说与卢坎人的战争。在狄奥尼修斯统治初期，与迦太基人的冲突可能会愈演愈烈。

④ ［B 本注］μετάστασις［迁居］不同于φυγή［流放］，它不要求没收财产（见《法义》877a-b），345c 确证了这一点。《书简八》似乎忽视了这一区分（356e）。

⑤ ［B 本注］可能是重复 328b。公元前 361/0 年，狄奥尼修斯约 37 岁。

已年纪大了,① 而且现在的做法 [c5] 也不合当初的约定,不意竟招致两人的怨恨。

此后,好像阿尔基塔斯（Ἀρχύτης）② 到了狄奥尼修斯那里——在起航离开之前,我促成了阿尔基塔斯及塔兰特（Τάρας）的人们 [338d] 跟狄奥尼修斯的宾主之情和友爱（ξενία καὶ φιλία）——叙拉古还有另外一些人曾从狄翁那里听到一点东西,另一些人又从这些人那里听到什么,从而脑中充塞着一些有关哲学的不实传闻（παρακούσματα）。③ 我认为,这些人试图跟狄奥尼修斯谈论 [d5] 这方面的内容,以为狄奥尼修斯完全听到了我本人的种种思想。不过,就学习能力而言,狄奥尼修斯并非没有天分,④ 此外他还极其爱荣誉（φιλότιμος）。所说的内容兴许讨他欢喜,而且一旦醒悟 [338e] 在我客居时他什么都没听到,他便有些羞愧。因此,他开始渴望能听得更清楚明白,爱荣誉之心也催迫着他——他在我前一次到访时没听到什么,我们在前面已详细说过原因。⑤ [e5] 所以,自我平安归家并回绝第二次召请后——如我刚才所说,我觉得狄奥尼修斯完全是出于爱荣誉

---

① [B本注] 时在公元前 361/0 年,柏拉图约 67 岁。

② [H本注] 对于阿尔基塔斯的姓名,柏拉图在书简中用了阿提卡拼法 Ἀρχύτης,而不是第九、十二封书简题头用的多里斯拼法 Ἀρχύτας,这可以暗示这些书简的真实性。

③ [译注] 338d2 的 τούτων τινὲς ἄλλοι, d4-5 的 τῶν περὶ τὰ τοιαῦτα 具有代词指代的含混。对这一小节的分析,见拙编《叙拉古的雅典异乡人：柏拉图〈书简七〉探幽》,华夏出版社,2010,页 73-74。

④ [译注] 对狄奥尼修斯天赋的称赞,另见《书简二》314d4。

[H本注] 小狄奥尼修斯确实有哲学天赋,这一点有助于理解柏拉图在第二、十三封书简中的态度。

⑤ [B本注] 见 330a-b。

（φιλοτιμηϑῆναι）才唯恐有人会认为，[339a] 我不愿到他那里是因为有了前面的经验，我瞧不起他的天资和习性，① 而且反感他的生活方式。

我理应讲出真相，听过所发生的事情后，要是谁瞧不起我的 [a5] 哲学，反而认为僭主有理智，我也毫无怨言。狄奥尼修斯第三次② 是派了一艘三层桨的战船来接我，好让我的旅途安逸；他还派来阿尔基塔斯的一位弟子阿尔基德莫斯（Ἀρχέδημος）③——[339b] 他认为在西西里人中我最推重此人——和西西里的其他名士，这些人全都带给我们同样的话，说狄奥尼修斯在哲学上有了惊人的进步。[b5] 他清楚我对狄翁的态度，也知道狄翁同样渴望我启航去叙拉古，④ 所以他还送来一封很长的信。这封信抓住这两点，开头说的就像下面这样："狄奥尼修斯 [339c] 致柏拉图"，然后是客套的问候，接着就直奔主题：

"要是你听我们的，现在就来西西里，首先，有关狄翁的事就能完全照着你的意思办——我知道你想要 [c5] 一个合理的解决（τὰ μέτρια），我会应允的——要不然，任何有关狄翁的事，不论是其他方面的，还是关乎他本人的，可都不会合乎你的心意。"

他这样说了一番，其他内容 [339d] 则有些冗长，现在说并不合适。此外，阿尔基塔斯和塔兰特的人们也陆续来信，褒扬

---

① [译注] 参见《法义》650b7：政治术就是认识灵魂的自然和习性（γνῶναι τὰς φύσεις τε καὶ ἕξεις τῶν ψυχῶν）。

② [S本注] 338e 的"回绝第二次召请"解释了这里的"第三次"：并非柏拉图在小狄奥尼修斯统治时第三次到西西里，而是说在小狄奥尼修斯两次召请之后，柏拉图才决定第二次来。

③ [译注] 关于阿尔基德莫斯，见《书简二》开头。

④ [译注] 见《书简三》317a；普鲁塔克，《狄翁传》18。

狄奥尼修斯的哲学,还说若是我这会儿不来,我就会彻底瓦解我当初促成的他们与狄奥尼修斯的友爱,①[d5] 而这段友爱对政治可不是小事。那段时间收到的召请就是这样,从西西里和意大利来的人要把我拉过去,而雅典这边的人也来说项,简直是要[339e]把我推出去。于是,同样的话又来了:我不应背叛狄翁,也不应背叛塔兰特的这些异乡人和同伴。而我自己觉得,一位年轻人②误听到(παρακούω)有关卓绝之事的言谈(ἀξίων λόγου πραγμάτων),而且本人又善学,从而产生对最好生活的爱欲,这倒也不奇怪。[e5] 所以,我应当查明(ἐξελέγξαι)这一点究竟是真是假,绝不能轻易地放过去,以免自己招来千古骂名,[340a] 万一这些传闻果真属实的话。蒙上了③这一考虑,我启程了——当然,当时我非常忐忑,预感并不太妙——而我这一去果真是"第三次致救主",④因为我[a5]之后再次幸运地平安[返回](ἐσώθην)。为此,除了先感激神,还应当感谢狄奥尼修斯,因为许多人曾想杀我,是他阻拦他们,并在涉及我的事情上给予了应有的敬畏。⑤

---

① [B本注] 暗指338c。

② [B本注] 见328b,338c。

③ [B本注] κατακαλυψάμενος [蒙上]:比喻性说法,例见《斐德若》243b。要蒙上头或遮住脸,只需把 ἱμάτιον(一种长长的毛料大氅,出门时披在身上)的衣褶撩起盖到头上。

④ [B本注] 见334d。柏拉图唯一可以夸耀的成功,就是从这次不幸的旅程中安然返回。

[译注] σωτῆρι [救主] 与 ἐσώθην [拯救] 有互文关系。

⑤ [B本注] αἰδώς [敬畏] 很难翻译。确切地说,它指敬重:敬重一位神或一位长官,也指敬重自己,洁身自好。

[340b] 到了那儿,我觉得应当首先进行检验,① 看看狄奥尼修斯是真的被火一般的哲学点燃了,② 还是接连传到雅典的消息虚妄不实。试验这些东西有一种方法,[b5] 不仅并非不高贵,而且极其适用于僭主们,尤其那些脑中充塞着各种不实传闻的僭主们——狄奥尼修斯很大程度上就是这样,我一到就察觉了这一点。

应当向这类人表明,这事整个是怎样的,③ [340c] 要历经多少困难、吃多少苦头。听了的人要是真的爱智慧,因为禀有神性而亲近并配得上这事,他便认为,自己听到的是一条必须现在就全力以赴的神奇道路,其他生活就不值得过了。④ 之后,[c5] 他倾尽自己和引导者的力量追随这条道路,绝不松劲儿,直到抵达整条路程的终点,或者直到获得一种能力,使他不用靠指示者就能自己引领自己。⑤ [340d] 循着这些想法,这样一个人这般生活着:不论他做什么事,他总是不顾一切地紧靠着哲学,也紧靠着最能使他善学、强记而且能够 [d5] 清醒地 [在自身中] 进

---

① [B本注] ἔλεγχος 源于法庭用语,原为"极力反驳",尤其是以各种问题来反驳,即通过更专门的手段"进行一场反审讯"。在智术师影响下,动词 ἐλέγχω 有了论辩意味,指"驳斥"。在此处,ἔλεγχον 指柏拉图对狄奥尼修斯的试验、考验,以求验明他对哲学的真实态度。

② [H本注] 这一比喻形容哲学之火的点燃,见于 341c7, 344b7,《王制》498b1。

③ [B本注] 中性单数的 τὸ πρᾶγμα 是指哲学活动,柏拉图反复使用此词,让人猜测它可能是学园成员的"行话"(见《书简四》320c)。复数形式的 τὰ πράγματα 意思就没那么特殊,指"困难""麻烦"。

④ [译注] 比较《苏格拉底的申辩》38a5–6:未经省察的生活是不值得人过的(ὁ δὲ ἀνεξέταστος βίος οὐ βιωτὸς ἀνθρώπῳ)。

⑤ [M本注] 比较《王制》卷六 490a–b 对真正的哲人的描述。

行计算的生活习惯;^① 与此相反的生活习惯,他终生厌恶。那些并不真的爱智慧的人则被各种意见熏染——就像那些身体受到太阳^② 炙烤的人——一旦看到要学多少学问、吃多少苦,^③［340e］每日还要遵循与这事相配的规律有度的生活方式,他们便认定这事对他们自己而言难乎其难,而且他们［341a］实际也无力从事这事;但他们中间有些人说服自己相信,他们已经充分地聆听了一切,无需再怎么努力。针对那些恣纵放荡又不能刻苦用功的人,这一试验本身既清楚明白,也最稳妥,[a5] 因为他绝不会怪罪那位指示者,而只会怪他自己,毕竟是他无力践行这事所要求的一切。

我当时对狄奥尼修斯所说的话就出于这样一种考虑。^④ 不过,我并未详细地说明一切,［341b］狄奥尼修斯也没恳求我这样做,因为,靠着从其他人那里误听来的那些说法,他佯装自己

---

① ［S本注］整段呼应《王制》卷七所述。在那里,柏拉图把哲学界定为灵魂朝向光明之域的转渡:"灵魂从黑夜般的白天转到真正的白天,上升到真正的实在。"(521c)然后,柏拉图宣扬了一条艰难辛苦的道路(格劳孔抗议说,"你说的真是个重活啊",见531d),借助这条道路,才可精通算学、几何、天文、音乐学。

② ［译注］此处的"太阳"是复数,从而对应同样为复数的"意见"。

③ ［B本注］见341e, 344b;《王制》IV. 428e, VI. 494a, 495b, 496a-b, 511c。看到善(《王制》卷六、七)和美(《会饮》210a-212a,《斐德若》243e-257b)的道路很漫长。哲学只是少数人的事业。

④ ［B本注］我们从下文得知(见345a),柏拉图与狄奥尼修斯谈论这类问题只有这么一次。下面几行依然轻描淡写,柏拉图同样没有深入细节。

［H本注］这次所说的谈话就是《书简二》所说发生在月桂树下的花园中的谈话。

知道并完全掌握了许多最重要的东西。① 我甚至听说,此后他就自己当时所听的内容写成了篇章,而且编得如同是他自己的技艺,毫不关乎[b5]他曾听到的内容;② 可我对这些一无所知。但我知道,其他某些人就同样的内容写成了篇章,无论他们是些什么人,他们并不知道自己。③ 关于所有写过和[341c]将会写

---

① [B本注]见338b。

② [H本注]祈愿式的 ἀκούοι [听] 表明,这实际上是迂回说法(oratio obliqua):"完全不同(我确定)于他当时听到的内容。" 哈克弗斯(R. Hackforth, *The Authorship of the Platonic Epistles*, Manchester, 1913,页91)解释说,这一迂回说法表示,狄奥尼修斯以完全原创的方式讨论柏拉图的教诲。但关键是,并非狄奥尼修斯称自己原创(他当然是如此),而仅仅是这一事实,即他的写作表明他完全没有理解柏拉图的教诲。τέχνη 并非 "技艺",而是 "手册"(handbook),见伊索克拉底,《驳智术师》295a:"那些人竟然胆敢写传讯书"(οἱ τὰς καλουμένας τέχνας γράψαι τολμήσαντες)。

③ [S本注] οἵτινες δέ, οὐδ' αὐτοὶ αὑτούς:这个省略句非常晦涩,可有各种解释。据哈瓦尔德(Howald)说,οἵτινες δέ 并不是疑问从句,而是没有谓语的关系从句。这就需要补充 ἔγραψαν。他还把 οὐδε 修改为 οὔ γε,并译作:"我知道,其他人就相同的主题写过东西,但是,这些写过东西的人并没有全力投入其中,算不得作者。" 柏拉图在这里把剽窃者狄奥尼修斯与那些愚笨但厚道的解说者对立起来——这种解读是否必要?把 οἵτινες δέ 看作一句风趣话,岂不更好?把这里看作暗指这些作者的品质、才能,而不是他们的身份,岂不更好?"但这些人怎么样呢?他们有什么才能?他们自己并不知道,他们并不认识自己。"

[B本注]根据其他译者的译法,我愿意把这个省略句看成是在化用苏格拉底尊奉的德尔斐神谕"认识你自己",但我承认这只是假设。

[H本注]在"他们是谁"之后,读者本以为会看到"我不知道",但柏拉图代之以"他们并不知道自己"。柏拉图闭口不言这些作者的名字,这种沉默是《书简七》的特色。

[M本注]这句意思含混的话难倒了许多解释者。如果是指德尔斐神谕"认识你自己",那就是在暗暗批评已经忘记自己、试图写下从柏拉图

的人（γεγραφότων καὶ γραψόντων）——他们全都声称知道我所严肃从事（σπουδάζω）的那些，不论他们听我还是听其他人讲过，或者是他们自己的发现——至少我能够断言的是：依我的意见，这些人根本不可能对这事有所领会。从来就没有关于这些内容的我的［c5］著述（σύγγραμμα），也永远不会有，因为它根本不像其他学问那样可以言说（ῥητόν）。不过，经由有关这事本身的许多交谈和朝夕共处，① 突然间，② 就如光被跃动的火苗［341d］点燃一样，它便在灵魂中生成，此后就一直自己滋养自己。尽管如此，至少我深知，若要把这些东西写下来或说出来，由我来说最好；而且，要是把它们写得糟糕，会让我极其痛心。如果我［d5］觉得这些内容应当详备地写给大多数人，加之可以言说，③ 对我们来说，此生还有什么事功比下面的更美呢：写下对人们有莫大助益的东西，并把自然④［341e］带进光明［呈现给］所有

那里听到的教诲的 "其他人"（见 344d）。辛普里求（Simplicius）在注疏亚里士多德的《物理学》时（151.6, 453.25）提到，柏拉图讲授 "论善" 后，亚里士多德、斯彪西普斯、色诺克拉底、赫拉克里德、赫斯提艾乌斯（Hestiaeus）和其他听众写下了所听到的内容。柏拉图的批评可能就针对学园中的某些人。

① ［H本注］344b3–8 对启明过程的详细描述表明，火苗来自老师的灵魂，συνουσία［交谈］和 συζῆν［朝夕相处］不是指对哲学问题长久的孤独沉思，而是指与老师的交往。以问答形式进行的 ἔλεγχοι［辩驳］证实了这一点；参《法义》968c6：διδαχὴ μετὰ συνουσίας πολλῆς［教诲和许多交往］，用来描述夜间议事会成员的教育。

② ［Bu本注］见《会饮》210e："突然" 瞥见美本身的神奇。

③ ［Bu本注］写下这类学说的危险，见《书简二》314c 以下；哲学只对 "少数人" 是可能的，见《王制》494a。

④ ［B本注］广义的 "自然"（φύσις），即规定一个事物的各种特征和性质的总和，亦如 344d 处 "最高和最初之物的自然"。可参《泰阿泰德》

人?但我认为,关于这些内容的所谓"尝试"①对人们并不是好事,除了对某些少数人而言②——他们借由蛛丝马迹③就能够自己发现,至于其他人,它会毫不适宜地让一些人充满不正确的轻蔑,[e5]又让另一些人充满虚骄又空洞的期望,好像[342a]他们学了什么了不得的东西。④

关于这些内容,我想要再多说一些;说过它们之后,兴许

173e-174a:尽管哲人的身体居于城邦内,但哲人的灵魂却专注于地下或天上,"想方设法探求每个实在之物总体的整个自然"(καὶ πᾶσαν πάντη φύσιν ἐρευνωμένη τῶν ὄντων ἑκάστου ὅλου)。

① [B本注] ἐπιχείρησιν...λεγομένην [所谓的尝试]:难以断定这里的 ἐπιχείρησις 是泛指"行动、事业",还是特指"辩论、论证"。后一层意思得自亚里士多德(《论题篇》111b16, 139b10),柏拉图的《智术师》对此有所预示(239c,另见《法义》I.631a, IV.722d)。下文341e3的 ἔνδειξις [蛛丝马迹] 也有此类问题。

[M本注] λεγομένην [所谓的] 修饰 ἐπιχείρησιν [尝试]。ἐπιχείρησιν 在这里似乎有其在亚里士多德《论题篇》(111b16, 139b10) 中的那层意思,即辩审(dialectical examination)。但当前的语境和下文表明,作者不是在说师生间对一个问题的辩审,而是指公开展示这样一种审查的结果(即 ἐπιχείρημα,见《论题篇》162a16)。

② [B本注] 哲人只可能是少数人,见《王制》VI. 494a,《书简二》314a,《书简七》340c, e。

③ [B本注] 在柏拉图的作品中,ἔνδειξις 唯一另外一次出现,是在《法义》XII. 966b,而且与夜间议事会成员的教育有关。注意以下对比:简短的证明—大量的交谈。

[译注] ἔνδειξις 既可以泛指一切"指示、迹象",也可以专指"证明""检举",B本译作"简短的证明"(une courte démonstration)。

④ [B本注] 前面这些内容近似于《法义》卷十二所说的夜间议事会成员的教育。

我现在所说的东西会更清楚一些。① 因为有一个真正的逻各斯（λόγος ἀληθής），它反驳那胆敢就这样的内容写作任何东西的人，[a5] 虽然我之前多次讲过［这个真正的逻各斯］，可看起来现在必须要说说了。

每一存在物都有三样东西，必须要借由这三样东西，［关于这一存在物的］知识才能产生，而第四样就是知识本身——此外，还应该补充第五样东西，[342b] 即那可认识的且真正存在的东西本身——第一是名称（ὄνομα），第二是定义（λόγος），第三是影像（εἴδωλον），第四是知识（ἐπιστήμη）。② 如果你想领会现在所说的内容，你就要抓住一个例子，并照此来思索所有情形。③ 有种东西叫"圆"，[b5] 我们刚刚拼读的这个词本身就是它的名称。第二样是它的定义，由名词和动词组合而成；④ 因

---

① ［译注］342a1-3 原文包含 περὶ αὐτῶν［关于这些内容］...περὶ ὧν λέγω［我现在所说的东西］...λεχθέντων αὐτῶν［说过它们之后］。细考句中出现的指示代词和关系代词，可以发现"这些内容"就是下面"真正的逻各斯"所讨论的内容，而下面讨论的内容是为了阐明"我现在所说的东西"，因此，"真正的逻各斯"的要害并非哲学，而是哲学潜在的危害以及哲学与写作的关系。

② ［H 本注］在《法义》（895d）中，柏拉图试图定义"灵魂"，而"定义"就是"存在的言辞"（λόγος τῆς οὐσίας）。但在这里，定义只是获得知识的手段之一，而知识是通过长期努力达到的心灵状态，其间要借助于各种手段和一位老师。

③ ［B 本注］名称、定义、实在的并置，可见《法义》X. 895d-e，另及《帕默尼德》142a 的三角关系：名称、定义、与知识、感觉或意见。注意第二人称单数命令式 λαβέ［抓住］和 νόησον［思索］及单数现在分词 βουλόμενος［想要］：柏拉图忘记了是给"狄翁的家人和伙伴"写信，他对单独一个人发言，好像变身为一位老师，给一位学生讲授他经常重复的学说。

④ ［B 本注］对"定义"的这一定义，见《智术师》262d，《泰阿泰德》206c-e。

为，"每一端点到中心的距离相等"，① 这或许就是那个以"圆球""圆环"[342c]和"圆"为名称的事物的定义。第三样是画下来和擦去的圆、镟刀镟出和毁去的圆；② 尽管所有这些圆都跟圆本身相关，但圆本身不会经受这样的变化，因为它跟这些圆截然不同。③ 第四样是关于这些圆的知识、理智和真实的[c5]意见；④ 必须得把它们算作一个整体，既不存在于声音中，也不存在于物体的形状中，而是存在于灵魂中，由此可见，这第四样既不同于圆本身的自然，[342d]亦不同于前面所说的那三样。就亲缘性和相似性而言，在这四样东西中，理智最接近第五样东西，其余几样则离得更远一些。

同样的道理适用于直、环形以及颜色，⑤ 适用于善、美和[d5]正义，适用于一切人工制造品和自然生成物，⑥[比如]火、水和所有此类东西，适用于一切生命体和灵魂中的性情，也

---

① [B本注]对圆的类似定义，见《帕默尼德》137e，《蒂迈欧》33b。
② [H本注]对于"影像"，这里只提到具体实际的事物，但从342d4-8可见，"影像"涵盖了各种抽象物可感知的实例，比如善、美、快乐及其对立面，所有行为以及导向行为的感受和精神特征。若不借助于具体例证，普通人就难以领会抽象的思考。
③ [B本注]"圆本身"即指圆的理式。
④ [B本注]这里区分了两大类知识：灵魂获得有关理式的知识，要靠理智；若灵魂获得的只是有关感官事物的知识——尽管这种知识可以证实——则只能算真实的意见。
⑤ [B本注]直形和圆形总体上的分布，见《帕默尼德》145b。形状与颜色的关系，见《美诺》75b-c。
⑥ [B本注]柏拉图在这里似乎承认人造物也有理式（《王制》X. 596b，597c；《克拉底鲁》389b-c）。至于亚里士多德有否指责柏拉图不承认人造物有理式（《形而上学》990b8以降，1070a13以降），尚有争论。

适用于一切行为和承受。①［342e］一个人若不能以某种方式把握这些事物的前四样东西，他便永远不能最终分有关于第五样东西的知识。② 此外，由于言辞的缺陷，这四样东西虽然试图显明每个事物的存在（τὸ ὄν），［343a］但也同样多地试图显明每个事物的属性（τὸ ποῖόν τι）。③ 因此，但凡有理智的人，从来不敢把自己的思想（τὰ νενοημένα）付诸言辞的缺陷，尤其不会付诸不可更改［的言辞］，正如那些以种种记号刻写下的东西一样。

不过，你应当重新领会我现在所说的内容。［a5］现实中画下的或用镟刀镟出的每一个圆，都充满了第五样东西的反面——因为每一个圆处处触及直④——至于圆本身，我们认为，它自身

---

① ［译注］ποίημα 指人所做成的东西，也指人主动的行为和创造，πάθημα 的含义包括"承受、感受、影响"，是人被动感应到的一切。M 本将两词译作 actions / affections，H 本译作 all things done / suffered，B 本译作 état d'activité et de passivité。两词作为反义词，可见《智术师》248b，《王制》437b。

② ［H 本注］前四样东西的困难源于三个原因：所有影像的迷惑性；语言的缺陷；本质和性质的难以区分。柏拉图并没有按顺序处理这三点，342e2–343a4 先初步提到后两点，然后 343a4–8 提到第一点，343a9 转向第二点，343b7 最后又回到第三点。

③ ［B 本注］柏拉图笔下随处可见 τὸ ὄν［存在］和 τὸ ποῖόν τι［属性］的区分。早期对话大多是为了发现不同美德的 ὄν 或 τί，同时表明以 ποῖόν τι 所作的定义不完备。《蒂迈欧》（49a–50c）讲到，不可能给事物一个确定不变的名称，其中以形容词 τοιοῦτον［这种性质的］回答一个有关 ποῖόν τι 的问题。所以我把 τὸ ποῖόν τι 译成"事物这样或那样的性质"。

④ ［Bu 本注］可以画出无数条与圆相交的直的切线；此外，一个圆就像一条直线一样由许多点组成，因此"圆"充满了"直"的元素。

［B 本注］普罗塔戈拉也用同样的例子来支持这一论题，见亚里士多德，《形而上学》977b32 以降 =DK 80 B7。

根本没有相反的自然。我们还认为，这些圆的名称一点［343b］也不稳固，① 如果把现在所称的"圆"称作"直"、把"直"称作"圆"，并没有任何妨碍，而且改换和颠倒称呼的人会觉得它们和原来一样稳固。定义也是一样的道理：既然定义是由名词［b5］和动词组合而成，那它也绝不是绝对稳固不变的。这四样东西全都模糊不清，对此说也说不尽，② 但最重要的是，如我们刚才所说，③ 在这两者之中（δυοῖν ὄντοιν）——一为存在，一为属性——［343c］灵魂寻求认识的不是属性，而是"是什么"（τὸ δὲ τί），但四样东西各自以言辞和行动呈现给灵魂的皆非灵魂所寻求的，所言说和所展示的每一样内容总是容易受到感官反驳，④［c5］从而使几乎所有人充满各种困惑和不解。

在某些问题上——由于贫乏的教养，我们不习惯于寻求真实，而是满足于各种影像的呈现——我们并没有成为彼此嘲笑的对象，受到那些提问者的追问［343d］，他们有能力推究和反驳四样东西。但在某些问题上，我们会逼迫某人解答并阐明第五样东西，那位能够颠倒［是非］又想要颠倒［是非］⑤ 的人就会得了势，并使大部分听众以为，以言辞、［d5］文字或回答作出解

---

① ［B本注］相似说法见《克拉底鲁》439d–e，《蒂迈欧》49a–50c。

② ［译注］μυρίος δὲ λόγος περί...：诸译本对这里的 λόγος 理解不同，B本理解为"有数不清的方式表明四样东西的模糊不清"，H本理解为"有数不清的例证表明这四样东西模糊不清"，S本理解为"有数不清的理由表明这四样东西模糊不清"。此取Bu本译法，似可涵盖上述三种译法。

③ ［B本注］见342e。

④ ［B本注］基于对《王制》卷七（523a–525a）的分析，我调整了字序：ἕκαστον［τῶν τεττάτων］παρεχόμενον τό τε λεγόμενον καὶ δεικνύμενον［ταῖς］αἰσθήσεσιν εὐέλεγκτον。

⑤ ［译注］ἀνατρέπειν 原义为"推翻、打倒、反驳"。

释的人并不认识其试图书写或言说的东西；因为这些听众有时并不知道，应受指责的不是写作者或言说者的灵魂，①而是四样东西各自低劣（πεφυκυῖα φαύλως）的自然。[343e] 但有一种活动②贯通所有这些东西，它顺着每一样上下游走，③最终极其艰难地在禀有卓越自然的［灵魂］中（εὖ πεφυκότι）生育出有关禀有卓越自然之物（εὖ πεφυκότος）的知识；但要是禀有劣等的自然（κακῶς φυῇ）——正如大多数人的灵魂在学习之事以及所谓的"性情"（ἤθη）方面所生长的状态那样——[344a] 或是自然已受到败坏，④ 即便是林寇斯（Λυγκεύς）也不能使这样的人［看见］。⑤

---

① [H本注] 语词上有些难解。"四样东西"包括知识、理智和正确的意见，而它们显然属于言说者的灵魂。

② [译注] διαγωγή 原义是"运送"（carry through）"度日""消遣"，L. S. J. 训释此词时将这里的意思注为"教导"（instruction），但如此便隐含着"教导者"与"学生"的关系。此词可与343e2的 μεταβαίνουσα 对观："（从某处）移至"（pass over from one place to another），"改变话题"（pass from one subject to another）。

③ [B本注] 与大多数译者的理解相反，ἄνω καὶ κάτω 不是可与辩证法扯上关系的"上上下下"，而是"来来回回"，就像拿两块木头摩擦生火一样（见《王制》IV. 435a；索福克勒斯，《菲罗克忒克斯》[Philoctetes] 行36；《荷马献给赫尔墨斯的祷歌》行 109–111）。

[译注] 释词见 W. J. Verdenius, ἄνω καὶ κάτω, Mnemosyne 17, 1964, 页387。

④ [B本注] 好天性受到败坏，见《王制》VI. 494d 以下。

⑤ [H本注] 林寇斯是古希腊传说中的"千里眼"。林寇斯从 Taygetos 山上看到喀斯特尔（Castor）藏身于一棵中空的橡树，便和兄弟伊达斯（Idas）杀死了他，之后，兄弟二人被波吕丢刻斯（Polydeukes）和宙斯所杀。

[B本注] 林寇斯是阿普法瑞乌斯（Aphareus）之子，伊达斯的兄弟，曾参与抓捕喀吕冬（Calydon）和阿尔戈斯远征。由于与"宙斯之子"

蔽之一言，假如一个人与这事没有亲缘性，无论是善学还是强记，都永远不能使他看见——因为它①根本不会产生于异质的状态中；因此，[a5]那些与正义之物和其他美的事物没有天然的纽带（προσφυής）又没有亲缘性的人——即便他们对别的东西既善学又强记——或是那些与之有亲缘性但不善学也不强记的人，永远无法最大可能地习得有关美德[344b]或邪恶的真理。②因为，必须同时习得这些，也必须同时学习整个存在的虚假与真实，③进行透彻的钻研，④付出许多时间，就像我最开始说的；⑤把这些东西——名称、定义、[b5]视象（ὄψις）和感觉——放在一块儿相互摩擦，在友好的辩难和不带妒意的问答中检验它们，如此，关于每一存在物的智慧和理智才会极其艰难地迸射出光芒，⑥而[理智]要用尽[344c]人最极限的力量。⑦

（Dioscures）喀斯特尔和珀吕科斯（Pollux）不和，他杀了喀斯特尔，但又被珀吕科斯所杀。传说他眼力敏锐（品达，《涅媚凯歌》X. 63以下；阿波罗尼乌斯［Apollonius of Rhodes］，《阿尔戈斯英雄纪》［*Argonautiques*］I. 151-155；阿波罗多若斯［Apollodorus］，《书藏》［*Bibliothèque*］III. 10.3），但没有证据表明他能够把自己的好眼力分予他人。

① ［译注］"它"当指"有关禀有卓越自然之物的知识"（343e2-3）。

② ［M本注］哲学研究的最终对象与研究者的灵魂必须具有一种亲缘关系，《王制》反复申说了这一点，见486d，487a，494d，501d。

③ ［Bu本注］见《法义》816d。

④ ［译注］τριβή既可以指"摩擦"，也可以指"练习、专研、实践"。同见344b4的τριβόμενα［摩擦］。

⑤ ［译注］见341c。

⑥ ［H本注］注意构词的变化：我们期待应该和343e2一样是"智慧生育出来"。

⑦ ［B本注］整个段落交织的意象呼应灵魂中迸出哲学知识的火光的比喻。

正因为如此，每个严肃的人远远不会就那些严肃的主题写作，以免把它们抛入人群中，激起众人的妒意和疑惑。① 所以，蔽之一言，应当由此认识到，每当某人看到写成的著述——[c5] 立法者法律方面的著述也好，② 任何其他方面的著述也好——这些著述之于作者并非最严肃的，若作者本人严肃的话，[之于作者最严肃的东西] 藏于他那最美之域的某处。③ 如果他把自己真正严肃从事的东西付诸文字，[344d]"那么一定是"凡人们而非诸神"亲手毁灭了你的心"。④

[译注] 344b7 处抄件原文为主格分词 συντείνων [拉紧、奋力]，从语法关系看，所修饰的主语只可能是 νοῦς [理智]，但"理智达到人之力量的最大极限"（H 本译法）的说法似与文意脱离；为此，萨克斯（Eva Sachs）和维拉莫维茨将此词修改为与格单数的 συντείνοντι，并认为此词修饰前句省略的 ἀνθρώπῳ [人]："……（在人的心灵中）射出光芒，当人用尽了自己最大的力量"（Bu 本译法）；艾格曼（F. Egermann）修改为属格复数的 συντεινόντων，用来同时修饰前面的"智慧和理智"（M 本译法）；B 本、S 本均译作"……光芒强烈，超过了人力所能承受的程度"。此从原抄件。

① [B 本注] 这一段整体上重述了《斐德若》结尾忒伍特神话的思想：游戏与严肃的对立呼应《斐德若》276a-277a；这里提到的妒意和困惑呼应《斐德若》275d-e 的主题；对立法者所言呼应《斐德若》278c。

② [Bu 本注] 立法不是"严肃的"主题，而是"游戏的"，见《法义》769a；另参《治邦者》294a。

③ [B 本注] "最美之域的某处"（που ἐν χώρᾳ τῇ καλλίστῃ τῶν）显然是指灵魂中最高贵的部分，即理性，见《斐德若》276e、277a 以降。

④ [译注] 引自荷马的《伊利亚特》。帕里斯（Paris）对安特诺尔（Antenor）（卷七行 359-360）、赫克托尔（Hector）对特洛亚将领波吕达马斯（Polydamus）（卷十二行 233-234）说了同样的话：εἰ δ' ἐτεόν δὴ τοῦτον ἀπό σπουδῆς ἀγορεύεις, ἐξ ἄρα δή τοι ἔπειτα θεοί φρένας ὤλεσαν αὐτοί [如果你确实是严肃地这样宣告，那么一定是诸神亲手毁灭了你的心智]。

紧随这一故事和漫游①的那位将会明白：不论是狄奥尼修斯，还是某个更小或更大的人物，［d5］如果他就自然的至高和元始（περὶ φύσεως ἄκρων καὶ πρώτων）写了什么，②按照我的逻各斯，他根本没有健全地聆听或学习他所写的内容；因为，如果他像我一样敬畏它们，他就不会鲁莽地把它们抛入不和谐与不得体之中。因为他写作不是为了备忘③——［344e］一旦以灵魂拥抱它，任谁都不用担心会遗忘，因为它位于最简短的［言辞］之中（ἐν βραχυτάτοις）④——倘若他的确写了，便只是出于可耻的爱荣誉之心，⑤要把它当成自个儿的［创见］，⑥或者表明自己具有教养，尽管他实际配不上这一教养，仅热衷于由［345a］具有教养得到的名气而已。所以，如果狄奥尼修斯凭仅有的一次谈话⑦

---

① ［B本注］这里的 μῦθος［故事］应当理解为广义的"叙述"（见 Luc Brisson,《柏拉图：语词和神治》［Platon, les mots et les mythes］, Paris, 1982，页139-143）。πλάνος［漫游］这里意为"离题"（digression），即言谈中的"漫游"（可能暗指西西里的历险），这一离题中断了叙述，下文称之为"漫游"（πλάνη, 350d）。

［H本注］πλάνος［漫游］是诗意表达，散文中常用 πλάνη，参见《法义》683a3：τῇ πλάνῃ τοῦ λόγου［言辞的漫游］。

② ［译注］B本把 περὶ φύσεως 翻译成书名《论自然》，并把 τι 理解成 συγγράμμα，如此便为"一本名叫《论自然》的书"。

③ ［B本注］见《斐德若》277e以降。应当注意，ὑπομνημά 一词并非在毕达哥拉斯派意义的使用。

④ ［B本注］比较 341e διὰ σμικρᾶς ἐνδείξεως［借由蛛丝马迹］。

［Bu本注］见《斐德若》275d, 278a。

⑤ ［译注］φιλοτιμία［爱荣誉］亦见 338d7, e2, e7。

⑥ ［译注］比较 341b4: συνθέντα ὡς αὑτοῦ τέχνην［编得如同是他自己的技艺］。

⑦ ［B本注］即 341b-c 描述的谈话。

就获得了教养——这也并非不可能——那么他究竟是怎样获得的,"宙斯明鉴!"——如忒拜人所言。① 因为,如我所说,② 我只有一次做了详细的说明,此后再没有过。

[a5] 如果有谁想发现当时那些事情究竟是怎样发生的,那他接下来应当深思,究竟出于什么原因,我们没有第二次、第三次甚至多次进行详细的说明。狄奥尼修斯仅仅听过一次,[345b] 但他自己做出了发现或者之前跟别人学过,所以他认为自己知道而且确实知道得很充分?或者他认为我所说的毫无价值?或者是第三种可能:他认为[我所说的]不适合自己,高过了自己的能力,而且他确实不能过一种关心智慧和美德的生活?[b5] 因为,要是他认为我所说的毫无价值,他就会与众多论调相反的见证者们抗辩——在这些问题上,他们来当仲裁者可比狄奥尼修斯权威得多;③ 但要是他认为自己已经发现或学会[我所说的东西],而且认为它们对于自由灵魂的教养④ 很有价值,[345c]那么,除非他是个古怪的人,否则他怎会这般肆意地侮辱他在这些问题上的引导者和主人?他是怎么侮辱的,我愿讲一讲。

此后没隔多久,尽管狄奥尼修斯先前[c5]容许狄翁保留

---

① [B本注] ἴττω Ζεύς [宙斯明鉴]:见柏拉图,《斐多》62a;阿里斯托芬,《阿卡奈人》行 860, 910。在《斐多》中,这句话出于比奥提亚的忒拜人刻比斯(Cebes)之口,所以比奥提亚方言 ἴττω 取代了 ἴστω。

② [译注] 见 340b1-341a8。

③ [Bu本注] 见《书简二》314a 以下。

④ [B本注] "自由"教养,是一个"自由人"所致力的教养,是前五世纪末至四世纪初的社会理想。见索福克勒斯,《菲罗克忒忒斯》行 1006;Damon, DK 37 B6= 阿忒纳乌斯,《哲人燕谈录》XIV. 628c;色诺芬,《回忆苏格拉底》II. 8.4;尤其柏拉图,《普罗塔戈拉》312b,《王制》III. 402c。

自己的财产并享受收益，这时却已不再容许狄翁所托付的人把钱送往伯罗奔半岛，好像他已经彻底忘了那封信：① 他说，这些财产的所有者不是狄翁，而是狄翁的儿子，② 也就是他的外甥，[345d]照法律要由他监护。③ 那段时间里所发生的事至此就是这些。经历了这样的波折，我便看清了狄奥尼修斯对哲学的渴望，我完全有理由发火，不管我是否[d5]愿意[发火]。当时正值夏季，船只纷纷出航。我觉得，我不应只是责备狄奥尼修斯，同样还要责备我自己以及那些逼我[345e]第三次穿越斯库拉（Σκύλλα）海峡的人——"我可能再次经过险恶的卡律布狄斯"；④ 我应当对狄奥尼修斯说，既然狄翁受到这样的侮辱，我不能再待下去了。可狄奥尼修斯安抚并请求[e5]我留下，因为他觉得，我带着这些消息这么快就离开，对他而言可不光彩；见说不动我，他就说要给我[346a]安排回程。我当时想着登上一艘商船出航，愤愤地觉得即便受到阻拦也在所不惜，因为我显然没有行一点不义，反而遭受了不义。看到我根本不同意留下来，[a5]他便使出了下面的伎俩，确保我在航季留下来。第二天，他来找我，信誓旦旦地说：

---

① ［B本注］见339b-c。

② ［B本注］指阿瑞特与狄翁所生的儿子希普帕西努斯。阿瑞特是老狄奥尼修斯的女儿、小狄奥尼修斯的姐姐，因此，希普帕西努斯就是小狄奥尼修斯的外甥。监护人的职责和义务，见《法义》XI.926e-928d。

③ ［S本注］狄奥尼修斯想侵吞狄翁的财产，所以把被流放的狄翁看成已死的公民，借着亲戚的名义，他利用法律宣称自己是狄翁之子所继承的财产的监护人。当初为了稳住柏拉图，他曾同意把狄翁的流放看作改换住所。

④ ［B本注］引自荷马，《奥德赛》卷十二行428。另参普鲁塔克，《狄翁传》18。

"我和你做个了断吧,"他说,"省得就狄翁和狄翁的财产[346b]争执不休!为了你的缘故,"他说,"我会对狄翁这样做:我要求他带走自己的财产在伯罗奔半岛定居,① 但不是把他当成流放者,他可以出门到这儿来,只要他和[b5]我以及你们这些朋友一致同意。② 但是,这些都基于他不再阴谋反对我,对此,你跟你的家人们③ 以及狄翁在本地的[家人们]要做担保,而狄翁也要向你们提供保证。还有,他拟带走的财产[346c]应当存在伯罗奔半岛和雅典,交付你们心仪的人,狄翁享有收益,但未经你们许可不得擅自取用。因为我并不太相信,他一旦拿到这些财产还会对我正义[c5]——毕竟这些钱数目不小——我反而更相信你和你的[家人们]。所以,你看看这样是否让你满意,满意就再待一年,下个航季[346d]再带着这些财产离

---

① [H本注] 不太清楚狄翁在流放时寓居何处。他在雅典呆了一段时间,先是住在卡利普斯家里,然后靠自己带到雅典的钱财置办了房产(后来交给斯彪西普斯)(普鲁塔克,《狄翁传》17)。他一定也在斯巴达住过一段时间并获得了公民身份。但与他关系最亲密的是科林斯,狄奥尼修斯很可能是要安排他住在那儿。一个叙拉古人要在希腊落脚,自然会是在科林斯,而且狄奥多如斯在讲到狄翁的流放时,唯一提到的地方就是科林斯(16.6)。

② [S本注] 普鲁塔克(《狄翁传》15)的说法跟柏拉图不完全一致。据他说,狄奥尼修斯佯装善待狄翁是在第二次西西里之行时,而不是在第三次西西里之行。另外,并非柏拉图的态度造成了这一转变。狄奥尼修斯把狄翁流放到意大利之后(14),由于担心这么做会激起麻烦,他就宣布狄翁并没有受到流放(对勘《书简七》346b),而且允许狄翁的侍从们给在伯罗奔半岛的狄翁带去能捎带的一切财物。

③ [S本注] 狄奥尼修斯把柏拉图、柏拉图的亲友与狄翁的亲友(即叙拉古公民)对立起来(另见341c)。柏拉图并非只身一人出行,随行的有他的外甥斯彪西普斯(普鲁塔克,《狄翁传》22)和色诺克拉底(第欧根尼·拉尔修,《名哲言行录》IV.6),很可能还有在学园中结识狄翁的其他弟子。

开。① 我敢肯定,要是你为狄翁做了这些,他会非常感激你的!"

听完这番话,虽然有些不快,但我还是说,[d5] 我要考虑考虑,明天告诉他我对此事的决定。我们暂且同意了这么办;之后我一个人思来想去,甚为烦乱,但我从一开始就主要是这么[346e] 考虑的:

"罢了!如果狄奥尼修斯根本不打算兑现任何许诺,我这一走,恐怕他就会致信狄翁,还会指使他的一众爪牙也这么做,信誓旦旦地告诉狄翁他现在对我说的这些,说他愿意尽力,我[e5] 却不愿意按他提议的那样做,完全不关心狄翁的事。此外,如果他还是不愿意送我离开,无需给那些船主 [347a] 下什么命令,只要随意向所有人表明他不想我出海,又有谁愿意带走我这位船客呢,② 即便我冲出了狄奥尼修斯的寝宫?"——其他各种不幸之外 [的不幸是],我当时住在寝宫旁边的花园里,甚至[a5] 守门人也不愿意放我走出那里,倘若没接到狄奥尼修斯的命令——"不过,要是我待上一年,我就能致信狄翁,说明我当前的处境和我正做的努力;况且,万一狄奥尼修斯兑现了他的哪条许诺,[347b] 我就将做成一件并不完全滑稽可笑的事——如

---

① [B本注] 依照古代地中海的航季,此时是在九月底之前(公元前361年)。柏拉图一旦留下来,就不可能在第二年(公元前360年)四月份之前离开。

② [S本注] 尽管所有抄件都写作 ἄγειν ναύτην [带走船客],但大多数编者难以理解宾格的 ναύτην [海员、水手] 的意思,就将之修改为 ναύτης,以与 τις 协调一致。索福克勒斯的《菲罗克忒忒斯》行 901 出现了同样的说法:οὐ δή σε δυσχέρεια τοῦ νοσήματος, ἔπεισεν ὥστε μή μ' ἄγειν ναύτην ἔτι [难道我的病令你困扰,以至于你不再想让我登上你的船?]。这是柏拉图的化用,还是纯粹巧合?

果估算准确,狄翁的财产或许不少于一百塔兰特;① 可万一当前这些征兆像很可能应验的那样应验了,我就不知道该拿自己怎么办了,[b5] 尽管如此,或许我必须再熬一年,试着用行动检验狄奥尼修斯的这些伎俩。"

这么决定后,第二天我对狄奥尼修斯说:

[347c] "我决定留下!但我要求," 我说,"你不能把我看成狄翁的主人,② 你得跟我一道给他写信讲明当前这些决定,并且问他对此是不是满意;要是他不满意,还有些其他的意愿和要求,[c5] 他就得尽快来信说明,到时你可不能在他的事儿上变卦。"

我就说了这些,我们达成的约定也跟刚才讲的差不多。此后,商船纷纷出航,我已不再可能乘船出海,就在这时,[347d] 狄奥尼修斯却想起对我说,这笔财产应该一半归狄翁,一半归狄翁的儿子。他说,他要卖掉这笔财产,卖后所得一半会交我带走,另一半则留给狄翁的孩子;因为这么安排最公道。[d5] 这番话让我错愕万分,觉得无论再说什么③都显得可笑,但我还是说,我们必须等狄翁的信,并且再次去信告诉他这些。可狄奥

---

① [B本注] 当时,普通劳动者一天可以赚 1 德拉克玛,100 德拉克玛等于 1 明那,60 明那等于 1 塔兰特 [60×100 = 6000 德拉克玛]。想要了解当时实际的物价,参 M. Austin / P. Vidal-Naquet,《古希腊经济与社会》(*Économies et sociétés en Grèce ancienne*),Paris,1972,页 300 以下。

② [B本注] 作为名词,κύριος 指 "主人",即一家之主,法律代表或监护人。

③ [译注] 347d6 原抄件为 ὅτι λέγειν [说],伯奈特据 Hermann 校正为 ἀντιλέγειν [反驳],布伦特、纳伯作 ὅτι λέγειν,苏依耶作 τι λέγειν。此从原抄件。

尼修斯随即就无比放肆地①［347e］卖掉了狄翁的所有财产，在哪卖、怎么卖以及卖给谁全随他定，他也始终未对我说起过这些；同样，我也没再对他谈过狄翁的任何事，因为我觉得这么做［e5］毫无用处。② 至此，我一直都是这样来救助哲学和各位朋友。但在此之后，我和狄奥尼修斯的生活〔变了样〕：［348a］我望着外面，就像一只渴望从［笼中］飞走的鸟儿，③而他却想方设法阻吓我，④以图不用归还狄翁的分文财产。尽管如此，在整个西西里面前，我们还声称是同伴（ἑταῖροι）。

却说，［a5］狄奥尼修斯试图违背其父的规矩，削减老雇佣兵们的军饷，⑤结果激怒了兵卒：他们聚在一块儿，宣布不会屈服。狄奥尼修斯［348b］遂关闭卫城各座城门，试图动用暴力，可兵卒们马上就冲向城墙，吼着一首野蛮的战歌。⑥狄奥尼修斯

---

① ［译注］νεανικῶς 词根为 νέος［年轻人］，作副词表示"年轻人似地"（in a youthful manner），血气方刚地、猛烈地、过分地。同见《书简三》318b5。

② ［译注］此处及以下情节参见《书简三》318a-d。

③ ［B本注］化用《斐德若》249d 处的譬喻。

④ ［B本注］如同是在追逐猎物（见《吕西斯》206a），承接了上一譬喻。

［S本注］动词 ἀνασοβεῖν 意为"吓到"（《吕西斯》206a），但还指由于害怕而闭口、平静。狄奥尼修斯试图使柏拉图平静下来，从而实现侵吞狄翁财产的计划。

［M本注］《书简三》似乎对这句话给出了唯一可能的解释："吓唬我不要管当时的事，这样我就不会索要狄翁的财产。"（318b）

⑤ ［B本注］此事极为严重，因为僭主的权力根本上基于雇佣兵的数量和作用。狄奥尼修斯应该至少养了一万名雇佣兵，其中绝大部分驻扎在奥图基亚城堡外面。

⑥ ［B本注］Παιήων［乐于助人的］，原是一位医神的名字，后成为阿

怕得要命，就答应了他们的全部要求，而且答应给［b5］轻甲兵中那些聚众闹事者的还要更多。① 很快就有消息传开，说赫拉克雷德斯（'Ηρακλείδης）② 是这些骚乱的主谋；听到这一消息，赫拉克雷德斯便逃跑并藏了起来，狄奥尼修斯［348c］四处捉拿他，但毫无线索，于是就将忒奥多特斯（Θεοδότης）③ 召至花园——碰巧当时我正在花园中散步。他们谈的其他内容，我既不知道也没听到，但我知道也记得忒奥多特斯当着我的面对狄奥尼修斯说的话。

［c5］"柏拉图，"他说，"我正在劝狄奥尼修斯这么做：若是我能够把赫拉克雷德斯带到这儿，在我们面前辩白当前这些对他的指控，那么，如果［我们］认定他不应再住在西西里，我便要求他带着妻儿［348d］乘船去伯罗奔半岛并在那里定居，这样他就不会伤害狄奥尼修斯，并享受自己财产的收益。其实，我早就派人找过他，眼下还要派人去找，兴许他会响应我之

波罗的别号。作为形容词的名词化，它指赞美阿波罗的凯旋歌。此外，"野蛮的"（βάρβαρος）表明，大多数雇佣兵并不是希腊人，大部分来自坎帕尼亚、高卢或"西班牙"。

① ［B本注］"轻甲兵"（πελταστής）源于"轻盾"（πέλτη），加上梭标，就是这类步兵的武器装备。柏拉图用"轻甲兵"称狄奥尼修斯的雇佣兵，似乎表明当时叙拉古的雇佣兵主要是轻甲兵。

② ［B本注］狄翁的一位朋友，当时应该是担任雇佣兵司令。出奔之后（见349c），他避难于希腊，由于与狄翁不和，遂决定单独装备一支舰队。他紧接着狄翁到达西西里，靠着二十艘三层桨战船和后援，他击败了斐利斯图斯——后者率领来自南意大利的军队援助狄奥尼修斯。此后，赫拉克雷德斯与狄翁之间的分歧激化，致使狄翁杀了赫拉克雷德斯。

③ ［B本注］忒奥多特斯是赫拉克雷德斯的叔叔，参见普鲁塔克，《狄翁传》45.3。

前的或现在的召唤。[d5] 但我要求和恳请狄奥尼修斯,如果有谁碰到赫拉克雷德斯,不论是在乡下还是在这儿,都不许对他 [348e] 乱来,只得让他离开此地,直到狄奥尼修斯做出其他决定。""你同意,"他说,"这些么?"他这样对狄奥尼修斯说。

"同意。即便发现,"他答道,"他在你家中,也不许违背你现在说的 [e5] 对他乱来。"

第二天晚上,欧律比奥斯(Εὐρύβιος)①和忒奥多特斯俩人急急忙忙来找我,神情极为不安。忒奥多特斯说,"柏拉图,"他说,"昨天狄奥尼修斯就赫拉克雷德斯的事对我和你许下了承诺,当时你在场吧?"

"当然在!"我说。

"可现在,"[e10]他接着说,"轻甲兵们正四处搜寻要捉拿赫拉克雷德斯,而他可能就在附近什么地方。不过,"他说,[349a]"请你无论如何要随我们一块儿去见狄奥尼修斯。"

于是我们动身,进到狄奥尼修斯那里。他们俩泪流满面,默不作声地呆站着,而我说:"他们担心你违背昨天的承诺,对赫拉克雷德斯下毒手;[a5] 因为我认为,赫拉克雷德斯已经跑回来了,曾在附近什么地方现身。"

听到这,狄奥尼修斯顿时火冒三丈,脸上五色杂陈,②就像一个激愤的人(θυμούμενος)那样;忒奥多特斯 [349b] 俯身跪下,抓着他的手,哭着乞求他不要这样做。我插进来安慰他说:

---

① [B本注] 可能是赫拉克雷德斯的兄弟,参见普鲁塔克,《狄翁传》45.3。在努普西奥斯占领叙拉古时,是他以赫拉克雷德斯的名义召请狄翁进行援助。

② [B本注] 化用《吕西斯》222b。

"放心吧，忒奥多特斯啊，"我说，"狄奥尼修斯不敢违背昨天的承诺干别的。"

狄奥尼修斯[b5]瞪着我，露出十足的僭主般的神情（μάλα τυραννικῶς），"对你，"他说，"我可没承诺过什么，小的承诺没有，大的承诺也没有！"

"以诸神起誓（Νὴ τοὺς θεούς），"我说，"你至少承诺过，不做这个人现在求你不要做的事。"

说完这些，我扭头走出去了。此后，[349c]狄奥尼修斯继续追捕赫拉克雷德斯，忒奥多特斯就给赫拉克雷德斯传话，吩咐他逃跑。狄奥尼修斯派出泰西阿斯（Τεισίας）①和轻甲兵，命他们围追赫拉克雷德斯，不过，据说赫拉克雷德斯先行一步，提前几刻逃到了[c5]迦太基人的领地。②

打那以后，狄奥尼修斯觉得，既然他一直蓄谋不再归还狄翁的财产，便可以此作为与我交恶的可信理由。他先是把我赶出卫城，[349d]借口说有些女人需要在我住的花园里举行连续十天献祭；③于是，他命令我在此期间待在外面，住到阿尔基德莫斯

---

① [B本注]身份不详。

② [B本注]公元前378年，狄奥尼修斯在克劳尼翁（Cronion）战败（位于其弟勒普提涅斯的阵亡地帕诺摩斯附近），他把哈吕科斯河（Halycos）对岸、西西里的西围割让给迦太基人。迦太基人的"领地"就是指这里。

[S本注]狄奥多如斯和普鲁塔克都没有讲到此事，而且狄奥多如斯对赫拉克雷德斯流亡经过的描述与这里不同：狄翁受到狄奥尼修斯怀疑后，先是藏在朋友家里，然后逃到伯罗奔半岛，期间赫拉克雷德斯一直跟随着他（XVI. 6）。普鲁塔克（《狄翁传》32）也指出赫拉克雷德斯出现在伯罗奔半岛，只说他在流亡。普鲁塔克特别说到，从这个时期开始，赫拉克雷德斯跟狄翁日益不和，促使他另立山头。

③ [B本注]狄奥多如斯讲到两个节日（V. 4）。一是祭祀谷物女神德

家里。我在那里时,忒奥多特斯派人来请,他对当时发生的这些事［d5］大为光火,连连责怪狄奥尼修斯。听说我去过忒奥多特斯那里,狄奥尼修斯就［349e］再次以之作为跟我不和的另一个借口——前一个借口的姐妹:他派了一个人来问我,我是不是真的应忒奥多特斯的召请跟他见过面。

"当然喽。"我说。

"那好,"那人说,"[狄奥尼修斯]命我正告你,你做的可一点都不美,[e5]因为你一直把狄翁和狄翁的朋友们放在心上,却不够在意他。"

说完这些,之后他再没请我到他的寝宫,① 好像事实已经清楚地表明我是忒奥多特斯和赫拉克雷德斯的朋友,却是他的仇敌;他还觉得我对他不怀好意（εὐνοεῖν）,因为狄翁的财产已被挥霍一净。[350a] 此后,我就住在卫城外边的雇佣兵们中间。其他人以及一些雅典来的水手——② 也就是我的同胞——来找我,通报说:我在轻甲兵们中间受到诽谤,③ 还有些人威胁说,要是

默忒尔的节日,在播种时举行（西西里的十月份）;另一是祭祀宙斯与德默忒尔的女儿、冥王之妻珀尔塞福涅（Persephone）的节日,在收割时举行（七月份）,狄翁正是遇刺于此时（普鲁塔克,《狄翁传》56.5以下）。

① [B本注] 跟普鲁塔克讲的相反（《狄翁传》20）,但普鲁塔克承认自己的记叙不同于柏拉图。

[H本注] 柏拉图并没说自己跟狄奥尼修斯没再交谈过,只是说狄奥尼修斯没再邀请他回来住。

② [H本注] 狄奥尼修斯舰队中的水手。狄奥尼修斯为舰船所配备的人手都是招募而来,其中有些来自雅典,这一点很有意思。

③ [B本注] 据普鲁塔克（《狄翁传》19.8),雇佣兵指责柏拉图建议狄奥尼修斯放弃僭政,过不用卫兵的生活。这种说法很有可能,因为僭主的权力从根本上依赖于雇佣兵,而雇佣兵里的精锐组成僭主的贴身护卫。放弃僭

[a5] 他们在什么地方抓到我,一定会干掉我。于是,我施了这样一个脱身之计。我给阿尔基塔斯和塔兰特的其他朋友们送信,说明了我的处境。他们找到一个可由城邦派遣使团的借口,派出[350b]一艘三十支桨的船,还派了他们之中的一位拉弥斯克斯($Λαμίσκος$)。① 拉弥斯克斯一到就为我向狄奥尼修斯求情,说我想要离开,请他无论如何勿加阻拦。狄奥尼修斯答应了这一请求,给了盘缠就打发我走了。可至于狄翁的财产,我没再索要,[b5]也没谁予以归还。

到了伯罗奔半岛的奥林匹亚,② 我遇到在观看[赛会]的狄翁,③ 便告诉了他所发生的事。他随即恳请宙斯为证,号召我以及我的[350c]家人和朋友们准备报复狄奥尼修斯:我们是因为受到对异乡人的欺弄($ξεναπατία$)——他当时这么说也这么想,而他是因为受到不公正的驱逐和流放。听到这,我就命令他召我的朋友们帮忙,如果他们愿意的话;"但是,"[c5]我说,"你和其他人一道以某种方式强逼($βία τινὰ πρόπον$)我跟狄奥尼修斯同吃同住,④ 还强逼我跟他共同参与祭仪,当时有那么多诽谤,他很可能相信我跟你图谋推翻他本人和僭政,可他并没有杀我,

---

政必然要解散雇佣兵。正是由于被解散的雇佣兵团体的存在,才能解释西西里的民主间歇期开始时的混乱。

① [B本注]拉弥斯克斯应是塔兰特的毕达哥拉斯派群体的一员,但未见于他处,除了在一封很可能是伪作的、阿尔基塔斯致狄奥尼修斯的信中(第欧根尼·拉尔修,《名哲言行录》III. 21–22)和一封被认为是答复柏拉图《书简十二》的信中(《名哲言行录》VIII. 79–80)。

② [译注]奥林匹亚位于伯罗奔半岛西北部的埃利斯($Ἦλις$)境内。

③ [B本注]时在公元前360年8月。

④ [B本注]《游叙弗伦》4b–c 有相同的表达。

[350d] 反而对我心存敬畏（αἰδέομαι）。① 再说，我差不多过了跟人并肩作战的岁数，② 加上我是你们共同的［纽带］（κοινός），万一你们哪天需要彼此的友爱，愿意彼此为善呢；但只要你们渴望彼此为恶，那就去找别人吧！"

[d5] 怀着对这场西西里漫游和不幸（πλάνη καὶ ἀτυχία）的憎恨，③ 我说了这些话。但他们不听劝，也不听从我所做的调解，结果自己酿成了现今发生在他们身上的一切恶。[350e] 至少就人事方面来说，④ 倘若狄奥尼修斯把财产归还狄翁，或者与他彻底和好，这些恶就绝不会发生——因为我会用［我的］意愿和力量⑤ 轻易地制止狄翁——但现在，他们彼此冲撞，致使全地充满种种恶。

[351a] 然而，⑥ 狄翁的愿望也就是我本要说的我和其他人应

---

① ［B本注］见 340a 及注释。
② ［B本注］如果是公元前 360 年 8 月的奥林匹亚赛会，柏拉图当时约有 68 岁。
　［M本注］柏拉图当时 67 岁。他拒绝参与狄翁的征讨，并不意味着他在这场斗争中保持中立；他不可避免地也被认为是狄翁的盟友。见《书简四》；西塞罗，《论演说家》III. 34；阿里安，《历史杂俎》III. 17。
③ ［B本注］πλάνη［漫游］一词暗指奥德修斯的历险。亚里士多德的学生、塔兰特的阿里斯托克塞努（Aristoxenus）（死于公元前 321 年）也把柏拉图的这次西西里之行称作 πλάνη（残篇 64 Wehrli 编 = 优西比乌斯［Eusebius］,《福音的准备》［Praeparatio Evangelica］, XV. 2, 3）。
④ ［B本注］ὅσα γε δὴ τἀνθρώπινα［至少就人事方面来说］：相同的表达见于《克力同》46e。另见 324b 及注释。
⑤ ［B本注］τῷ βούλεσθαι καὶ τῷ δύνασθαι［用意愿和力量］：可能改写自一个习语，见《希琵阿斯前篇》301c,《高尔吉亚》509d。
⑥ ［H本注］351a1 以迄 351e2 的高潮，柏拉图为狄翁的品性和目的辩护，因为狄翁后来被指控图谋成为僭主。

有的愿望：但凡持守中道的人（μέτριος），关于自己的权位和朋友们，关于自己的城邦，他都会想到，只要多多行善（εὐεργετῶν），[a5] 就能获得最大的权力和荣誉。但我并不是说，为了充实自己的、同伴的还有城邦的腰包，一个人可以策动阴谋并召集同谋——这人没钱① 又管不住自己，因为怯懦（δειλία）而屈从于各种快乐——[351b] 随后杀死那些有产业的人，称他们为敌人，以便夺取其钱财，② 并且煽动诸位帮手和同伴一起下手，这样就没有哪个声称没钱的人会控告他。我也不是说，一个人可以用以下方式造福城邦来 [b5] 获得城邦的尊荣：利用投票决议把少数人的钱财分给大多数人，或者——如果他领导着一个统治众多弱邦的大邦——违背正义把这些小邦 [351c] 的钱财分给自己的城邦。③ 因为，无论狄翁还是其他任何人，都不会自愿地④ 这样来追逐将永远诅咒（ἀλιτηριώδης）自己和后世子孙的权力，⑤ 而是追

---

① [译注] πένης 既可指灵魂的贫乏（335b1），也可指贫穷。

② [H本注] 在革拉城，老狄奥尼修斯教唆民众没收富人的财产，杀戮有产者。抢来的钱大部分用于偿付雇佣兵，有些还用于革拉人的同盟。

③ [B本注] 351a–b 浓缩了《王制》（VIII. 565d–569c）对僭主的描绘，可以视为对老狄奥尼修斯在叙拉古和西西里的残暴统治的刻画。说《王制》对僭主的描绘取材于老狄奥尼修斯的形象，并不是奇谈怪论。熟悉公元前五至四世纪的雅典历史的读者读到这段，会想到三十人僭主对每个富有、出身显贵和有名望的公民犯下的暴行（亚里士多德，《雅典政制》XXXV. 4），还会想到伯里克勒斯利用提洛同盟的储金来稳固和扩大雅典的霸权。伊索克拉底在演讲辞《论和平》中谴责了这一政策：这篇演讲辞比此信的写作时间早了两年。

④ [Bu本注] 根据苏格拉底的格言，"没有人故意犯罪"。

⑤ [B本注] 形容词 ἀλιτηριώδης [令人憎恶的、受诅咒的] 源于另一个形容词 ἀλιτήριος，形容专事报复杀人者的女神（见 336b），她不仅报复凶手，还报复凶手的家人。这一段应该是指狄翁杀害赫拉克雷德斯之事，并紧接着

求无需最少的死亡和流血①就能实现政制,制定最公正和最好的法律。②[c5] 这些也就是狄翁现今做的,他宁可遭受不虔敬也不愿行不虔敬(ἀνόσια),③但他还是好生提防,以免遭受[不虔敬],尽管他就在对敌人的胜算达至顶峰时失足跌落了。[351d] 这一遭遇毫不令人惊讶。因为,在应对不虔敬的人们时,④一个节制又神清智明的虔敬之人(ὅσιος)⑤从不会完全被这类人的灵魂蒙骗,然而,如果他遭受了一个好舵手的遭遇,⑥兴许也并不令人惊讶:[d5] 将至的风暴当然不会逃脱好舵手的注意,⑦但风暴狂烈而出人意料的威力却可能不会引起他的注意,从而会不知不觉地强行(βίᾳ)吞没他。狄翁就是这样栽了跟头。因为,那些给他下绊子的人是恶人,这当然没有逃脱他的注意,但至于他们的无知、[351e] 其他邪门(μοχθηρία)和贪婪(λαιμαργία)到了

得到了回应:"小心提防不要遭受。"

① [H本注] 柏拉图已两次说到(327d5,331d3),进行狄翁所谋划的改革不能流一滴血。在这里,我们不得不面对事实:狄翁在同意杀掉赫拉克雷德斯的时候,抛弃了这一理想。柏拉图很可能不赞成这一行为,但他或许也予以宽谅,觉得这么做在当时乃是迫不得已。下一句话说到狄翁的小心提防,或许就是暗指此事。

② [B本注] 见344c。

③ [译注] ἀνόσιος [不虔敬] 亦见于325a3。

④ [B本注]"不虔敬的人们" 当然是指杀害狄翁的凶手,见《书简八》352c。由于杀人,他们变得"不虔敬"(ἀνόσιοι),这意味着与诸神相关的"神圣者"(ἱεροί)对他们有种权利,在当前的语境中,是要求复仇的神圣者。

⑤ [B本注] 节制(σώφων)和神清智明(ἔμφρων)的对举,见332e。

⑥ [B本注] 在政治的语境中以舵手为喻,尤见《王制》VI. 488a 以下。

⑦ [译注] 351d5-e1 共五次出现动词 λανθάνων [未被注意]的变体。

何种程度，却没有引起他的注意。狄翁正是因此栽了跟头，长眠于墓中，给西西里蒙上无尽的哀恸。

[352a] 说完现在这些，① 接下来我要给出的建议大致已经说过，我也就说那些吧。至于我为什么要接着讲第二次西西里之行，是因为所发生的那些事荒诞不经、有乖情理（ἀτοπία καὶ ἀλογία），我觉得必须得说一说。所以，如果 [a5] 谁觉得现在说的更富情理了（εὐλογώτερα），如果谁认为所发生的那些事有了足够的因由，对我们而言，现在说的这些（τὰ νῦν εἰρημένα）就算说得合适和足够了。

---

① ［H 本注］*τὰ νῦν ῥηθέντα*［现在说的这些］指狄翁的被杀。

书 简 八

[题解] 与《书简七》一样,《书简八》也写给狄翁的"家人和同伴",但作者开头便把收信人推及开来,扩展为"叙拉古的所有人"以及"你们的仇人和敌人"。公元前354年6月,卡利普斯(Callippus)杀害狄翁,之后曾短暂地统治叙拉古(Diodorus, XVI 31.7),后在公元前353年7至8月间被逐出叙拉古。《书简七》写于狄翁被杀之后,是应狄翁的"家人和同伴"的请求而写;《书简八》稍晚于《书简七》,很可能写于狄翁余部和老狄奥尼修斯之子希普帕西努斯(亦即狄翁之外甥)驱逐卡利普斯之后。信中提到希普帕西努斯给予的援助(356a),似乎便是指他帮助狄翁的友人们驱逐卡利普斯之事。《书简七》反复提到狄翁之死,并反复表达了悲悼之情,而《书简八》只有两次看似附带地提到狄翁的死(355a, 357a),情感也冷静而克制。

在《书简八》中,柏拉图所面对的政治情势已远不同于《书简七》。西西里陷入民主派与僭主派的拉锯战,狄奥尼修斯试图重建僭政,而狄翁余部则试图剿灭僭政、施行民主。面对针锋相对的两派,作为政治立法者的柏拉图从大局着眼,力图给予双方同样有益的建议,达成双方的和解,促使双方践行僭政与民主之间的中道。柏拉图首先诉诸历史,追忆狄奥尼修斯家族当初如何拯救西西里摆脱蛮族的统治,然后警告两派，如果双方互斗下去，只会导致迦太基人对西西里的奴役，所有希腊人都应联合起来避免这一灾难。向两派讲清形势之后（352c-354a），柏拉图先以自己的名义给出了建议（354a-355a），尔后以狄翁的名义给出了更为具体的、操作性的建议（355a-357b）。针对僭主派，柏拉图劝其摆脱僭主的名号和行为，把僭政转变为王政，自愿接受法的统治；针对民主派，柏拉图则提醒他们对自由的过度追求所具有的潜在危险。奴役与自由之间的中道才是正道。对于叙拉古未来的政制设计，柏拉图以狄翁的名义发言说，建议叙拉古人首先要确立公正的法律，这一法律尊崇灵魂高过身体；其次要建立遵守法律的王政，为此要立狄翁之子、老狄奥尼修斯之子和狄奥尼修斯为王，三位王负责宗教事务，政治事务则由35位护法卫士（νομοφύλακας）与民众大会、议事会（δήμου καὶ βουλῆς）共同处理；再次要夺取被蛮族人盘踞的其他希腊城邦，光复西西里的希腊文明。

《书简八》具有鲜明的政治实践性，向我们展示了柏拉图的立法技艺，但其中的某些细节与古代史书中的记载不符，因而真伪也受到质疑。其一，柏拉图提出让狄翁之子作王（355e），而根据普鲁塔克和奈波斯的记载，狄翁之子希普帕西努斯在狄翁死之前就已自杀，小儿子则是在狄翁死后不久才出生，因此，要么是作伪者忽略了这一事实，要么是柏拉图当时没听闻希普帕西努斯的死讯，要么是普鲁塔克和奈波斯的记载不可信（详辨见 M 本页 82-86）；其二，柏拉图称老希普帕西努斯和老狄奥尼修斯一道被选举成为"全权统帅"（στρατηγὸς αὐτοκράτωρ），但史家狄奥多如斯（Diodorus, XIII. 94）在讲到老狄奥尼修斯夺权的过程时并没提及希普帕西努斯，不过，这只是狄奥多如斯的一家之言，亚里士多德《政治学》（1306a1）说希普帕西努斯帮助狄奥尼修斯上台，普鲁塔克也说当狄奥尼修斯最初成为"全权统帅"时，希普帕西努斯是"狄奥尼修斯的联合统治者"（《狄翁传》3）；其三，354d 说叙拉古人投石击死了狄奥尼修斯之前的十位将军，狄奥多如斯的史书（XIII.

91-92）却没说到此事，只提到狄奥尼修斯提出要惩罚十位将军；其四，354b 说吕库尔戈斯设立了斯巴达的督察官，而写作时间相近的《法义》却认为是忒奥庞普斯（Theopompus）设立的，而且亚里士多德和普鲁塔克都遵循了这一说法。

[352b] 柏拉图祝狄翁的各位家人和同伴万事顺遂！

你们究竟该作何考虑才能真的"万事顺遂"（εὖ πράττοιτε），① 我将尽我所能试着向你们说明。我希望 [b5] 能给出一些有益的建议，但不只给你们——主要是给你们，[352c] 其次是给叙拉古的所有人，再次是给你们的仇人和敌人，但他们中间做了不虔敬之事的人② 除外；因为这种行为无药可救，也永远没人能将之涤净。你们要领会我现在要说的话。

[c5] 废除僭政以来，你们在西西里全地进行的每场战斗都是因为同样的原因：一些人想要再次夺取权力，另一些人则想要彻底脱离僭政。对于这样的情形，[352d] 无论何时，大多数人所认为的正确建议是，应当提出会对敌人造成尽可能多伤害（κακά）、为朋友提供尽可能多助益（ἀγαθά）的建议。可

---

① [H 本注] 和《书简三》一样，柏拉图以问候语开篇。
② [B 本注] 指杀害狄翁的卡利普斯（见《书简七》336c, 334a, 334e）。不过，柏拉图从未提到卡利普斯的名字。
[译注] ἀνοσιουργός, 由 ἀνόσιος [不虔敬] 和 ἔργω [做] 复合而成，意为"做不洁之事"（acting impiously），此词在柏拉图作品仅见于此处。ἀνοσιουργία, 见《书简七》335b6。《书简七》334a 称杀害狄翁的行为 ἀνόσιον [不虔敬]。

是，带给别人［d5］许多伤害却想自己不遭受许多伤害，这绝非易事。① 要看清楚这一点，并不需要跑到远地儿去，只需要看看现今这儿所发生的这些事，看看西西里本地：一些人试图寻衅，另一些人则试图报复［352e］那些寻衅者。如果要给别人讲述（μυθολογοῦντες）这些［故事］，恐怕你们永远会是能干的教师（διδάσκαλοι）。② 这些事情可以说并不少见；但是，在这些情形中，那些会对所有人——敌人与朋友——有益，或者对双方尽可能最少伤害的东西，并不容易［e5］看到，即便看到也不容易施行，这样的建议和言辞上的努力类似于祈祷。③ 就让它完全是［353a］一个祈祷吧——因为，无论言说和思考什么，都始终应当从神们开始④——它指示我们如下的话，愿它能实现。

恰从战争爆发以来，⑤ 至今这一个家族⑥ 几乎就一直统治着

---

① ［H本注］比较《法义》627e以下就战争和叛乱所言。在柏拉图看来，内乱不应以一方彻底战胜另一方而结束，而应当通过双方的妥协和导向φιλοφροσύνη［和睦］的和解来结束。

② ［B本注］这句话不好理解。但就这里来看，可以理解为"你们的教训"。但下文似乎指向相反的解释。

③ ［B本注］如果一个建议不太可能为人听取和践行，它就等于祈祷，见《王制》V.450d，VI.499c，《法义》V.736d，《书简七》331d5。

④ ［B本注］一切重大活动开始前需祈祷，见《蒂迈欧》27c，《斐勒布》25b，《法义》X.887c，《法义附言》980c。

⑤ ［B本注］如下文所示，这里是指西西里人与迦太基人的战争。公元前415—前413年的雅典人远征失败后，迦太基人于公元前410—前409年开战。老狄奥尼修斯利用时局掌握权力成为僭主。当时他很年轻，约35岁。

⑥ ［M本注］"这一个家族"（συγγένεια）指老狄奥尼修斯和狄翁的联合家族。老狄奥尼修斯娶了狄翁的姐姐阿里斯托玛克，狄翁娶了老狄奥尼修斯和阿里斯托玛克的女儿阿瑞特。此外，狄翁的另两个姐姐嫁给了老狄奥尼修斯的两个兄弟。自公元前404年与迦太基的战争以来，除了卡利普斯的短

你们和［你们的］敌人，① ［a5］你们的父辈拥立这个家族，是因为陷入了绝境，那时候，希腊人的西西里正遭逢最深重的危机：被迦太基人毁灭，整个儿沦为野蛮人的地盘。为此，他们当时推选了既年轻又好战的老狄奥尼修斯，［353b］让他担当他适合从事的战争事务，② 还推选年长的老希普帕西努斯为谋师（σύμβουλος），③ 并称两人为将要拯救西西里的"全权将领"（αὐτοκράτορας）——人们所谓的"僭主"。④ 至于西西里得救的原

暂统治，"这一个家族"一直统治着叙拉古。

① ［H本注］353a3 的 σχεδόν［几乎］与 διὰ τέλους［一直］一定要结合起来理解。对于这一倒装法，参见 318e6。

② ［B本注］公元前 406 年，老狄奥尼修斯先被已经废黜其他几位将军的公民大会任命为 στρατηγός［将军］，然后成为 αὐτοκράτωρ［全权领袖］。αὐτοκράτωρ，见《书简一》309b。

［H本注］指公元前 406 年的危机，当时阿克哈伽斯陷落，革拉城被围困。柏拉图的说法与狄奥多如斯有出入。据狄奥多如斯（XII. 4），只有老狄奥尼修斯一人被任命为"军事全权将领"（στρατηγός αὐτοκράτωρ）。

③ ［译注］参见《王制》566e6-567a9：僭主从战争中产生，危机中人民需要领袖，凡僭主必定要挑起战争。另见亚里士多德，《政治学》1313b28-30，1305a18-22。天生的统治者必然好战，因为他所统率的城邦必然要与其他城邦为敌。据《政治学》1305a25-29，老狄奥尼修斯的僭政并非完全产生于民主选举，另见《政治学》1286b40，1310b30。

［B本注］这位希普帕西努斯是狄翁的父亲。我们不太清楚他在这时期的角色。亚里士多德（《政治学》1305b39 以下）以他作为寡头派的代表，利用自己的财产支持一个僭主夺取权力。普鲁塔克（《狄翁传》3.3）似乎也表达了这个意思，但狄奥多如斯并没有。

④ ［译注］各抄件作 αὐτοκράτορας…τυράννους，苏依耶将 τυράννους［僭主］改为 στρατηγούς［将领］，因为在普鲁塔克《狄翁传》（3）和狄奥多如斯（XII. 94）笔下，出现的都是 στρατηγὸς αὐτοκράτωρ，这一头衔更为人所知，而 αὐτοκράτορας τυράννους 一名仅见于《书简八》此处。值得注意是，柏拉图

因，有人愿意归之于神圣的运道（θεία τύχη）和［b5］神，有人愿意归之于统治者们的美德，还有人愿意归之于前述两者以及当时的邦民们——随自己怎么看吧；不管怎样，当时那代人便由此得到了拯救。

既然他们表明了［353c］自己是怎样的人，或许所有人都应当感激这些拯救者。不过，如果此后僭政不当地滥用了城邦的馈赠，除了它现在遭受的那些惩罚，① 就让它再偿付别的惩罚吧！然而，鉴于当前的状况，怎样惩罚他们［c5］才必定会正确呢？如果你们能轻而易举地摆脱他们，而且无需经受巨大的危险和艰难，或者如果他们能顺利地再次获取权力，恐怕就不能建议我下面要说的内容了。而今，［353d］你们两方都应当思索和回想：你们各自曾经多少次满怀希望地认为，几乎总是差那么一厘一毫就能万事遂愿；然而，这一厘一毫每回都成了无数巨大［d5］灾难的原因，而且［灾难］永远没有尽头，旧的［灾难］看似终结了，新的［灾难］却又随之开始了，如此循环往复，［353e］整个僭主派和民主派（γένος）② 便都有毁灭的危险。

在 αὐτοκράτορας 和 τυράννους 之间插入了短语 ὥς φασιν［据人们所说／所谓的］，可见未必要把 αὐτοκράτορας 和 τυράννους 连起来理解，可以将 αὐτοκράτορας 理解为一个头衔，具有这一头衔的人也就是人们所说的"僭主"。总之，西西里人不会主动推举一个"僭主"，而只可能推举一个"全权将领"，这个"全权将领"顺势成为"僭主"。

① ［Bu 本注］暗指狄奥尼修斯被逐出西西里，避居于意大利的罗克里。

［B 本注］在这封信写作之时，小狄奥尼修斯已经失去权位，避居其母多里斯的老家罗克里，西西里被敌方控制。

② ［B 本注］"僭主派"似指狄奥尼修斯一派，"民主派"似指狄翁一派。没必要认为狄翁的所有同伙或大多数同伙都是民主斗士。狄翁与赫拉克雷德斯的冲突证明，赫拉克雷德斯才是叙拉古下等阶层的代言人

倘若这极为可能又万分不幸的情形真的发生，整个西西里大概就会彻底废弃希腊语，转而受腓尼基人（Φοινίκων）或奥匹库斯人（Ὀπικῶν）①统治⌊e5⌋和压迫。对此，所有希腊人都应该满腔热忱地找出药方。② 所以，若是谁拥有比我将要说的更正确也更好的［药方］，如果他将之公之于众，［354a］称他作"爱希腊的人"（φιλέλλην）便再正确不过了。

现今以某种方式向我显现的［东西］，我将试着阐明，完全直言不讳，而且要秉持一种不偏不倚的正义之辞。因为，我是在以仲裁者（διαιτητής）③的方式言说，像是与两个人交谈——一个曾行僭主统治，另一个曾受僭主统治——［a5］并给他们每个人我旧有的建议。④ 现今，我对每个僭主的建议会是，脱离僭主的

---

① ［译注］Ὀπικοί［奥匹库斯人］是南意大利的古老民族，做形容词意为"古老的、野蛮的"。

［H本注］柏拉图在叙拉古期间，或许听闻了罗马人的崛起：罗马人在公元前348年与迦太基立约，他们可以称为奥斯库斯人（Oscan）或奥匹库斯人（Opican）。尽管柏拉图不在意过去的细节，但对未来有正确的预测。

［Bu本注］可能是意大利中部的某支部落，属萨姆奈人（Samnites）或坎帕尼亚人（Campanians）。

② ［H本注］τέμενειν φάρμακον［找出药方］：捣碎植物，调制成药。诗歌中常用这一比喻，见埃斯库罗斯，《阿伽门农》行17，欧里庇得斯，《安德洛玛克》行120。柏拉图《法义》919b3有相同的短语，下面354b6也用φάρμακον［药］称吕库尔戈斯的改革，以之作为叙拉古应该进行的改革的样板。

③ ［B本注］暗指雅典法律中仲裁人的角色（亚里士多德，《雅典政制》LIII. 1-6）。柏拉图在《普罗塔戈拉》中用了这个词（337e）。

④ ［B本注］《书简七》334c-d也给出了这一建议，但无法确定这里是指《书简七》。

［H本注］这里回溯到了柏拉图第一次到访小狄奥尼修斯时。这并不是

头衔和行为，并转变为——如果能够的话——王政。① [354b] 这能够做到，正如智慧且好的男子吕库尔戈斯②用行动所证明的。吕库尔戈斯看到，在阿尔戈斯（Ἄργος）和美塞尼（Μεσσήνη）的同室族人从王政变为听命于僭主，结果毁灭了他们自己和[b5]他们各自的城邦。吕库尔戈斯为他的城邦还有族人担心，于是引入了一剂药方，亦即长老们的权力以及督察官们对王权的有益约束，③结果在这么多代人之后，[他的城邦]得以保全并声名卓著，这正是因为[354c]法成了人们至高的王，而不是人们成了诸法的僭主。

现今我要奉劝诸位的话是：那些渴慕僭政的人应当回避和及

指《书简七》中的任何内容。艾格曼认为，柏拉图的收信人不可能知道那些"旧有的"建议，除非他们从《书简七》中得知。这一观点很荒谬。所有叙拉古人都知道柏拉图关于僭政的建议，甚至包括蛮族的卫兵，见普鲁塔克，《狄翁传》19。

① ［B本注］见354c, 355e, 356b,《书简七》334c–d。
② ［Bu本注］参见《书简四》320d。
③ ［B本注］这一段重述了《法义》卷三（682d–e, 691e–692a）的内容，但稍有不同。赫拉克里德家族（Heraclides）被佩洛普（Pelops）的后人赶出阿尔戈斯，避难于多里斯（Doris）。特洛亚战争结束八十年后，赫拉克里德家族成功地返回，由三兄弟平分了伯罗奔半岛：阿尔戈斯归给特美诺斯（Temenos），美塞尼归给克瑞斯丰特斯（Cresphontes），拉孔尼刻归给阿里斯托德莫斯（Aristodemus）的双生子普罗克勒斯（Procles）和欧里斯忒涅斯（Eurysthenes）。相传，这对双生子成了斯巴达双王制的由来。随着政制的迅速败坏，引入了两项改革：长老制和督察官制。《书简八》与希罗多德（I.65）的说法一致，认为是普罗克勒斯的后人（354b暗示了这一点）吕库尔戈斯建立了长老制和督察官制。但《法义》卷三却与亚里士多德（《政治学》1313a26以下）、普鲁塔克（《吕库尔戈斯传》7.1）的说法一致，认为监察官制的建立晚于长老制，而且是忒奥庞普斯（Theopompus）所建。

早逃离①那些贪得无厌而愚蠢的人们的"幸福",②［c5］努力转向王者的样式,臣服于王者之法,从自愿的人们和诸法那里获得最大的荣誉;③［354d］至于那些追求自由的习性、视奴役的重轭为恶而逃离的人们,我想建议他们当心,不要因为贪求某种不合时宜的自由而有朝一日落入先辈的恶疾——那时的人们经由极大的政乱而罹患这一恶疾,［d5］因为他们对自由有着不合度的爱欲。④在老狄奥尼修斯和老希帕西努斯掌权之前,当时西西里的希腊人⑤自认为活得幸福:他们奢靡放荡,同时又统治着他们的统治者。他们投石击死老狄奥尼修斯之前的十位将军,［354e］完全没有依法判决,⑥以便可以不听命于任何秉持正义或法律的

---

① ［H 本注］φεύγειν φυγῇ［及早逃离］,见《法义附言》974b,《会饮》195b。

② ［H 本注］εὐδαιμόνισμα［幸福］在古典散文作品中未见于他处,此词指僭主的权位对希腊人的吸引力,就此参见欧里庇得斯,《腓尼基妇女》行504 以下,及伊索克拉底,《埃瓦戈拉斯》40。

③ ［B 本注］见《治邦者》301b。

④ ［B 本注］指从公元前 467/6 年忒戎(Théron)死至公元前 406/5 年老狄奥尼修斯上台的民主间歇期,更确切地说,是从公元前 415—413 年西西里战胜雅典到公元前 406/5 年老狄奥尼修斯夺取权力,在这个时期内,极端的民主制逐渐取代了温和的民主制。

⑤ ［译注］从希腊移居西西里的希腊人叫 Σικελώτης,西西里土著叫 Σικελός。

⑥ ［B 本注］这一说法是个棘手的历史问题,因为我们找不到别的证据。公元前 406 年春,迦太基人大兵入侵西西里,围困阿克哈伽斯。叙拉古人突围不成,老狄奥尼修斯借机指当时指挥作战的十位将军。这十位将军被解职,另任命十位将军,其中就有老狄奥尼修斯。返回叙拉古后,公民大会授予老狄奥尼修斯绝对权力,成为 στρατηγὸς αὐτοκράτωρ。不知道这里是不是指在阿克哈伽斯时被废黜的将军。有意思的是,雅典将军们在阿吉努斯

主人（δεσπότης），达到彻彻底底的自由。由此，一连串僭政就落到了他们头上。① 因为，奴役与自由哪个过度哪个就是至恶，[e5] 哪个合度哪个就是至善。合度的（μετρία）是受神奴役，② 不合度的（ἄμετρος）是受人们奴役；对明智的人们而言，神是 [355a] 法，对不明智的人们而言，神是快乐。③

有鉴于此，我奉劝狄翁的朋友们向全体叙拉古人宣告我所建议的内容，以之作为狄翁和我共同的建议；狄翁现在对你们说的话——倘若他还活着，而且能够开言的话——我将代他解说。④ [a5]"那么，"也许有人会说，"关于当前的事态，狄翁的建议给我们什么指示呢？"如下：

"列位叙拉古人啊，你们首先要接纳这样的法：[355b] 在你

（Arginuses）事件中的遭遇与此类似。公元前406年夏，雅典舰队在阿吉努斯岛大胜伯罗奔半岛人，南行入隔开陆地与列斯波岛的航道。由于战斗的狂热和一场风暴，他们没有收回遇难者的尸体。回到雅典后，公民大会指控得胜的将军们，经过一场嘈杂喧闹的辩论，全体判处他们死刑。苏格拉底是当时唯一敢于反对这一不合法判决的议员，见《苏格拉底的申辩》32b-c。

[Bu本注] 柏拉图显然弄错了：石击之事发生在更早之前的阿格里跟图姆（Agrigentum）。

① [B本注] 僭政源于自由过度，见《王制》卷八564a，569c。

② [H本注]《法义》762e 有 τοῖς θεοῖς δουλεία [受诸神奴役]，并把奉侍法律等同于奉侍诸神。

③ [B本注] 呼应《法义》IV.716c 和《斐勒布》13b，22c。

[M本注] 自由与奴役之间的中道是《法义》核心的政治教诲，参见《法义》III.701e。法律作为智慧者的神，参见《法义》IV.713a以下。

④ [Bu本注] 柏拉图让死人开口说话，见《默涅克塞诺斯》246c以下，《书简七》328d。

[M本注] 以狄翁作为发言人，可能不只是一种修辞手段，而是暗示下面这些建议基于柏拉图和狄翁共同设计的一个计划。

们看来，这些法不会把你们的心思以及欲望拉向牟利和钱财，而是——因为有三种［卓越］，灵魂的、身体的以及财富的^①——最为尊崇灵魂的卓越（ἀρετή），其次尊崇身体的［卓越］，［b5］将之置于灵魂的卓越之下，至于财富的荣誉，则列为第三等也是最末一等，臣属于身体和灵魂。^②［355c］如果一条律令能做到这些，那就是为你们正确定立的法，会使服从它的人们真正幸福；^③而那称富人们'幸福'的说法（λόγος）本身就是可悲的——是妇人和小孩们的蠢话——而且［c5］会使听信的人们也变得可悲。^④我劝告的这些真实不虚，假如你们检验过我现在就法所说的内容，你们便会通过实践（ἔργῳ）认识到这一点；^⑤在所有问题上，实践显得是最真实的试金石。

"接受这样的法之后，［355d］由于西西里危险重重，而你们既未充分征服对手也未明显被对手征服，所以，走中间路线

---

① ［M本注］对"善"的这一三重区分，见《法义》III. 697b-c，V. 727-729，743e。亚里士多德说，这一对"善"的区分古已有之，而且普遍受到哲人们认同（《尼各马可伦理学》1098b13-18）。

［H本注］《法义》743e 以相似的语言表达了相同的三重区分。柏拉图可能在两处都重复了他口头授课时所用的材料。

② ［B本注］《法义》卷一631b-d 以同样的语词阐释了同样的等级。另见《法义》V. 726a 以下，734d，XII. 967d 及《高尔吉亚》477c。

③ ［B本注］好的法律确保那些服从法律的人幸福，见《法义》I. 631b，另见卷五开头。

④ ［B本注］很可能暗指西西里人的豪奢，见《书简七》326b。

⑤ ［译注］言辞比行动更能达到真理，见《王制》473a。

［B本注］无法翻译的语词游戏：γεύσησθε［品尝、体验］-γνώσεσθε［认识］。见《法义》VI. 752c。

（μέσον τεμεῖν）① 或许既正当又有益，对你们所有人来说［皆是如此］——包括脱离了最严酷统治的你们，以及渴求（ἐρῶσιν）再次获得权力的［他们］。[d5] 他们的先辈曾经拯救希腊人脱离蛮族人之手——这是他们最大的功绩——由此我们现在才可能讨论政制问题；如果希腊人当时被毁灭，那就绝不会留下任何讨论和希望了。所以，现在你们［355e］要经由王政（βασιλικὴ ἀρχή）达到自由，而他们要成为负责的王政（ἀρχή ὑπεύθυνος βασιλική），并由法来主宰其他邦民以及王者们本人，以免他们会行什么不法之事。

"基于这一切，你们当怀着诚挚和良善的意愿，在诸神的帮助下立王。[e5] 首先立我自己的儿子为第一位王，② 缘于两重恩情，我自己的和我父的恩情——因为，从前是我父把城邦从蛮族人手中解放出来，[356a] 而现今是我两次把城邦从僭主们手中解放出来，对此你们自己就是见证者。③ 接下来，立与我父同名的、狄奥尼修斯之子为第二位王，④ 为他现在的援助和虔敬的品性（ὁσίου τρόπου）；[a5] 尽管他父亲是僭主，但他会自愿让城

---

① ［B本注］这一譬喻可见《法义》VII. 793a，《普罗塔戈拉》338a。
② ［B本注］只可能是指狄翁之子希普帕西努斯，当时已经先于狄翁去世。
［译注］《书简八》并没有提到狄翁之子的名字，尽管提到了老狄奥尼修斯儿子的名字（357c）。《书简七》（324a）提到了一位希普帕西努斯，称他和狄翁当年一样年轻，但没有称他为狄翁之子。
③ ［B本注］见《书简七》333b及相关注释。
④ ［B本注］指狄翁的姐姐阿里斯托玛克与老狄奥尼修斯所生的儿子希普帕西努斯。
［Bu本注］这里的狄奥尼修斯是老狄奥尼修斯，参见357c。这位希普帕西努斯是狄翁的外甥，他援助狄翁的同伴们攻击卡利普斯。

邦自由，^①抛弃短命而不义的僭政，为他自己和家族赢得不朽的荣誉。最后，你们应当邀请第三个人成为叙拉古人的王——一座自愿的城邦的自愿的［王］——他现在是［356b］敌军的首领，也就是老狄奥尼修斯之子狄奥尼修斯，^②如果他恐惧命运，而且为祖国、冷清的神庙和坟茔感到痛心，愿意自愿改换为王者的样子，以免因为争胜之心（φιλονιχία）彻底断送一切，［b5］成为蛮族人的笑柄。

"有了三位王，不管给予他们拉孔尼刻式（Λακωνική）的权力，^③还是削减其权力直到你们一致同意，你们都当以下面的方式来对待他们。［356c］我之前对你们说过这个方式，^④尽管如此，现在你们还要再听一次。在你们看来，为了拯救西西里，如果狄

---

① ［B 本注］ἐλευθεροῖ［使自由］：现在祈愿式的时态表明，反抗卡利普斯的斗争尚未结束。

② ［B 本注］让狄奥尼修斯当第三个王的说法让人备感惊讶。

③ ［译注］拉孔尼刻即斯巴达，而斯巴达施行双王制。见 354b 及相关注释。
［Bu 本注］这一权力差不多只是名义上的，主要处理宗教事务。
［M 本注］这表明了柏拉图灵感的来源。在《法义》卷三，柏拉图描绘了斯巴达的双王制，并认为通过这样分割王权，避免了王权的僭越和演变成暴政（691e）。鉴于当时的历史背景，在叙拉古施行三王制绝不像某些现代批评家所认为的那样不切实际。

④ ［H 本注］εἴρηται［我之前说过］，参见 c6：πρότερον ἐρρήθη［我之前所说］。这里并不是指《书简七》337b。这里是狄翁在发言，他说的是从科林斯邀请使节来建立新政的计划。见普鲁塔克，《狄翁传》53。
［M 本注］《书简七》337bc 提出了从外邦召请使者来立法的提议；但根据普鲁塔克（《狄翁传》53），狄翁本人提出从科林斯邀请立法者前来立法。因此，不需要认为当前这一段落是指《书简七》；由于这番话出自"狄翁"之口，可以理解为是指狄翁本人作出的提议。参见 357a。

奥尼修斯和希普帕西努斯家族愿意终止现今的种种灾难，在未来和当下为他们自己和子孙赢得荣誉，[c5] 如我之前所说，你们就当——从本地或外地，或不分本地外地——召请使节来主持和解之事，人选要让他们合意，人数也要经他们同意。①[356d] 这些使节一到，就要首先立法，并建立这样一种政制：应当由王主持圣事以及与从前那些行善之人相配的所有其他事务，战争与和平时的首领则由 [d5] 三十五位护法者（νομοφύλακας）担任，②并有民众大会和议事会（δῆμου καὶ βουλή）协助。应由不同的法庭审理不同的案件，但以死刑和流放论处的案件应由三十五人审理；③除去这三十五人，还要从上一年的长官中遴选法官，④[356e] 每个官职上只选一位，而且得是被认为最好且最公正的长官。⑤ 到下一年，他们就得审理所有要以死刑、监禁和迁居（μεταστάσις）处罚公民的案件。⑥ 但是，王绝不可以担任这类案

---

① [译注] ἐθελήσωσιν [愿意]、συγχωρήσωσιν [同意] 均为不定过去时虚拟式第三人称复数，主语"他们"应该是指上面的"狄奥尼修斯和希帕西努斯家族"。

② [H本注] 柏拉图显然意图使35位护法者成为城邦的真正首领。比较《法义》752e1 为假想的殖民地克诺索斯（Knossos）设立的37位护法者。他们的权力与这里的描述非常对应，而且也要求由退职官员辅助他们。这里的护法者对应于《王制》414b 和 428d 所说的 φύλακες παντελεῖς [终极卫士] 或 τέλεοι [完善者]。

③ [B本注] 整个段落对应《法义》VI. 752d 以下，尤其767d 以下。不过，《法义》中的"护法者"不是35位，而是37位。

④ [B本注] 这一表达见《法义》IX. 855c。

⑤ [B本注] 最优秀的法官，见《法义》XI. 938b。

⑥ [译注] 依照文意，以死刑和流放论处的案件需由（固定的?）三十五位护法者和遴选的法官（流动的?）共同审理，只不过前面说的是"死刑和流放"，这里变成了"死刑、监禁和迁居"，故B本在《书简七》

件的法官，[357a] 他要像祭司一样保持洁净，免受血泊、监禁和流放带来的污染。

"我生前就考虑为你们实现这些，现在依然如此考虑。想当初，要是我跟你们一道征服了敌人——若异乡人的复仇女神们①未曾阻拦的话——我就会照我考虑的来做；[a5] 之后，倘如事遂人愿，我会殖民西西里的其他地方：驱除现在盘踞在那里的蛮族人，除了那些为共同的自由而反抗僭政的蛮族人，[357b] 并让希腊地区原先的居民回到他们的故土定居。② 我现在建议各位，为了这些目标要齐心协力，还要呼召 [b5] 所有人参与这些行动，并把不愿 [参与的人] 视作公敌。这些目标并非不可能。因为，如果有些目标碰巧存在于两个灵魂之中，而且经过推算即可发现它们是最好的目标，那么，判定它们不可能的人 [357c] 不太可能是个明白人。我说的'两个灵魂'，分别是老狄奥尼修斯之子希普帕西努斯跟我儿子的灵魂；因为这两人已经达成一致，③ 而我想，其他所有关心城邦的叙拉古人们也会一致同意的。

"好啦，[c5] 你们要向列位神祈祷和祭献，也向其他配跟

338b 的注释中说，《书简八》模糊了流放与迁居的区分。

① [B本注] ξενικαὶ ἐρινύες [异乡人的复仇女神们]：狄翁杀害了曾经的客人和同伴赫拉克雷德斯，而复仇女神通过杀害狄翁为赫拉克雷德斯复仇。见《书简七》336b 及注释。

② [B本注] 狄翁的政治方案包括：改变叙拉古的政制；殖民被蛮族人毁弃的希腊城邦，这一主题见《书简七》322e，336a。

③ [H本注] 近来的所有译者都把这句话理解为指将来，如此便误解了这段话的意思，并忽略了 συνομολογησάντοιν [达成一致]、συνδοκεῖν [一致同意] 的时态。柏拉图认为，狄翁之子和侄子已经达成了一致，而且大多数叙拉古人都认同他们的观点，因此这些改革的提议普遍受到支持。

神们一道受飨的［力量］祈祷和祭献，要心平气和地尽全力劝说和呼召朋友们和敌人们，不要停下，直到［357d］我们现在所说的这些——就像降临在清醒的人身上的神圣的梦（ὀνείρατα θεῖα）① ——由你们显著地并幸运地予以实现。"

---

① ［B本注］清醒的梦，见《智术师》266c。

书 简 九

[题解]柏拉图结识阿尔基塔斯,应该是在他第一次西西里之行期间(公元前388—前387年)。此后两人一直保持着朋友般的关系:柏拉图于公元前367年第二次到西西里时,促使阿尔基塔斯与狄奥尼修斯结成同盟(《书简七》338c);柏拉图第三次到西西里时曾身陷危境,阿尔基塔斯伸手搭救,帮助柏拉图从叙拉古平安返回(《书简七》350a)。可以假定,柏拉图与他在南意大利的这位朋友有信函往来。这封信如果是柏拉图所写,则一定写于柏拉图第一次西西里之行之后。

据第欧根尼·拉尔修说,阿尔基塔斯七次担任塔兰特的最高官职"统帅"($\sigma\tau\varrho\alpha\tau\eta\gamma\acute{o}\varsigma$),尽管法律禁止连任这一官职(《名哲言行录》VIII.79)。阿尔基塔斯派使团到雅典,一方面是为了办理塔兰特的事务,另一方面是为给柏拉图送信。信使告诉柏拉图,阿尔基塔斯因为担任公职而烦恼,觉得不能专心于哲学研究。柏拉图便安慰他,向他说明一个人对城邦负有义务。西塞罗两次引用这封书简,并认为是柏拉图的作品(《论善恶的极致》[*De Finibus Bonorum et Malorum*] II.14,《论义务》[*De officiis*] I.7)。尽管如此,很多学者还是认为《书简九》以及同样写给阿尔基塔斯的《书简十二》是伪作。

柏拉图祝塔兰特的阿尔基塔斯①万事顺遂!

［357d5］阿尔基普斯（Ἄρχιππος）和斐洛尼德斯（Φιλωνίδης）②一行已经到了我们这里，［357e］带来了你交给他们的那封书简，并报告了你那边的情况。关于城邦的事，他们已经不费力地办完了——因为这根本不是什么难事——至于你的情况，他们也给我们讲了，说你因为［e5］不能摆脱公事上的职务③而心烦意乱。的确，生命中最快乐的莫过于做自己的事，④［358a］尤其当一个人选择做你所做的那种事情时⑤——这几乎对所有人都是显而易见的；不过，你也应当牢记，我们每个人都不是仅仅为自己

---

① ［译注］Ἀρχύτα Ταραντίνῳ：此为"阿尔基塔斯"之名的多里斯方言写法，《书简十二》亦同。《书简七》338c6和《书简十三》360c1都采用了阿提卡方言拼法 Ἀρχύτης。这成为怀疑这封书简为伪作的理由之一。
　［H本注］雅典人在其书简中提到阿尔基塔斯，自然会采用这个名字的伊奥尼亚形式；但在写给阿尔基塔斯本人的书简中则不一定这么做，完全可以采用其多里斯形式。
② ［M本注］杨布利柯的毕达哥拉斯派名录（《毕达哥拉斯传》267）提到了来自塔兰特的阿尔基普斯和斐洛尼德斯，并说阿尔基普斯是在公元五世纪末的克劳同（Croton）之难中幸存的两位毕达哥拉斯派成员之一。
③ ［译注］"职务"即 ἀσχολία，字面意思为"没有闲暇"，阿尔基塔斯此时无疑还担任着治理城邦的公职。另见《书简七》338c, 350a。
④ ［B本注］《王制》IV. 434a 对正义的定义就是"做自己的事"（τὸ τὰ αὑτοῦ πράττειν）。
⑤ ［B本注］暗指数学，可能还暗指哲学。在《王制》中，"做自己的事"的意思与这里不一样：哲人不仅要沉思理念，还要进行统治。就此而言，阿尔基塔斯符合这一理想。

而生，我们的出生一部分归之于祖国，一部分归之于父母，[a5] 一部分归之于其余的朋友们，还有很多交给了掌控我们生命的那些时刻（καίροι）。① 当祖国亲自召唤我们承担公事时，不听从这一召唤兴许是荒唐的；[358b] 因为，这么做的同时就会把位置让给② 那些糟糕的人，他们参与公事并不是出于最高贵的动机。

关于这些就说这么多。我们现在正关心埃科克拉特斯（Ἐχεκράτος），③ 今后也会关心他，[b5] 为了你，为了他的父亲普绪尼翁（Φρυνίων），④ 也为了这个年轻人自己。⑤

---

① ［译注］西塞罗两次引用 358a3-6 所说的 "我们每个人都不是仅仅为自己而生……"。

② ［B 本注］καταλιμπάνειν ［让给］：柏拉图并没在别处用过此词，维拉莫维茨称它为一个 "希腊化时期的语词"。但此词见于修昔底德（《伯罗奔半岛战争志》VIII. 17.1）和公元前四世纪的喜剧诗人安提丰（Antiphon）的作品（辑语 35，*CAF* II，页 12 Kock= 阿忒纳乌斯，《哲人燕谈录》XV. 690a）。此词也适用于这封非常正式的书简。

③ ［B 本注］杨布利柯在他的毕达哥拉斯派名录中，提到了两位埃科克拉特斯：一位来自塔兰特，一位来自斐利奥斯（Phlious）（《毕达哥拉斯传》267）。这里应是指前者。

④ ［B 本注］其人不详。

⑤ ［B 本注］这里把埃科克拉特斯称为 "年轻人"，因而不可能是《斐多》开头出现的那位埃科克拉特斯。

［H 本注］按这封书简的写作时间，《斐多》中的埃科克拉特斯（Echekrates of Phlious）至少已经五十岁了。但他也是一位曾跟塔兰特的老师们学习的毕达哥拉斯派，与这里的埃科克拉特斯或许有些联系。年轻的埃科斯克拉特可能是《斐多》中的埃科克拉特斯的孙子，写这封书简的时候，他的父亲普绪尼翁可能已去世。

书 简 十

[题解] 这是柏拉图最短的一封信函。收信人阿里斯托多如斯的身份无从稽考,柏拉图赞扬他的哲学"性情",他可能是柏拉图学园的一个学生,后来跟随狄翁远征叙拉古,即便在狄翁失信之时也始终忠于狄翁。有人猜测,这封短函可能曾随写给狄翁的信函一同寄往叙拉古。

柏拉图祝阿里斯托多如斯(Ἀριστοδώρος)① 万事顺遂!

[358c] 我听狄翁说,你现在是而且一直都是跟他最为[亲近]的伙伴中的一位,在追求哲学的人中,你展现出了最有才分的性情。因为,稳靠、可信赖和健全,② 我本人才称之为真正的

---

① [B本注] 其人不详。第欧根尼·拉尔修把这封书简的收信人写作 Ἀριστόδημος。

② [B本注] 关于稳靠(βέβαιον)、可信赖(πιστόν)和健全(ὑγιές),见《斐多》90c,《斐勒布》59b, c,《蒂迈欧》49b,《法义》630b,以及《书简七》336d。

哲学，[c5] 而汲汲于别的东西的其他那些才智和精明，^① 把它们称作机巧，^② 我认为是正确的命名。

保重吧，要像你现在这样在那些性情中持守。

---

① ［B本注］可能化用自《泰阿泰德》176c。
② ［B本注］柏拉图多次将真正的哲学与智术师的机巧对立起来，参见《高尔吉亚》521d, e，《泰阿泰德》176c，《斐多》101c。

［B本注］κομψότητας ［机巧］，参见《高尔吉亚》493a：κομψὸς ἀνὴρ ἴσως Σικελός τις ἢ Ἰταλικός ［一位机巧的男人，兴许是位西西里人或是意大利人］。

书 简 十 一

[题解]拉奥达玛斯给柏拉图写信,请求他前来帮助一个新殖民地立法。《书简十一》是柏拉图的回复,柏拉图不仅拒绝前来,还提醒拉奥达玛斯要注意立法的困难。关于收信人的身份,并没有确切的资料可考。第欧根尼·拉尔修(《名哲言行录》III. 24)提到一位塔索斯的勒奥达玛斯(Leodamas of Thasos),称柏拉图第一个教给他几何学的分析法。普洛克罗在注疏欧几里德的《几何原理》时提到他,视他为公元前四世纪的大数学家。如果这里的拉奥达玛斯就是历史上名字相近的"塔索斯的勒奥达玛斯",我们可以推测,这位收信人是柏拉图的学生,是一位外邦数学家和政治家。

这封书简被认为写于柏拉图的第三次西西里之行后(公元前361—前360年)。柏拉图在信中说到旅途的危险,被认为是指公元前361—前359年爱琴海西部猖獗的海盗;他也说到自己的年纪,亦符合公元前360年这个时间。如果拉奥达玛斯是塔索斯人,在公元前360—前359年间,塔索斯人曾往克瑞尼达(Crenidae)和达托斯(Datos)两地殖民建城,莫非信中所说的殖民就是这两城之一?

［358d］柏拉图祝拉奥达玛斯（Λαοδάμας）①万事顺遂！

我先前给你写信说，对于你所说的那一切而言，你最好能亲自到雅典来一趟。不过，既然你说这不可能，第二好的（δεύτερον）办法就是，如果可能的话，［d5］我或苏格拉底②到你那里去，就像你信中所说的。可现在［358e］苏格拉底正患着尿淋沥症，③而如果我去你那儿，万一完不成你召请我去完成的事情，那就丢人了。④但是，对于实现这些事情，我本人并不抱太多希望——至于我的理由，需要另一封长信［e5］来一一详说——此外，因为年纪大了，⑤我的身体经不起四处颠沛，也

---

① ［B本注］Λαοδάμας是多里斯形式的人名，而不是伊奥尼亚形式：在柏拉图的时代，多里斯形式的人名在伯罗奔半岛和西西里地区使用；我们在塔索斯经常发现的人名是伊奥尼亚形式的。值得注意的是，第欧根尼·拉尔修在列举柏拉图书简的收信人时（《名哲言行录》III. 61），说的是伊奥尼亚形式的Λεωδάμας。

② ［B本注］应该是指小苏格拉底，泰阿泰德的同学和朋友（《泰阿泰德》147c-d），《智术师》中沉默的在场者（218b），在《治邦者》中（从258a起）接替泰阿泰德成为爱利亚异乡人的对话者，寻求对"王者"的定义。他对数学和政治术都有兴趣，这使他成为拉奥达玛斯适合的对话者。亚里士多德在《形而上学》（Z 11, 1036b24）中驳斥了这位小苏格拉底。

③ ［B本注］就 στραγγουρία［尿淋沥症］的词源来说，此病可能表现为尿潴留（希波克拉底，《论疾病》IV. 55，尤其6）

④ ［H本注］ἄσχημον［丢人］：就像在书简中的其他地方，柏拉图非常诚实。他从未表现得好像摆脱了普通人所具有的缺陷。

⑤ ［B本注］在公元前360年左右，亦即这封书简所假定的写作时间，柏拉图已经68岁了。

经不起陆上和海上会遇到的危险,何况现在的旅途处处充满了危险。①

不过,我能够给 [359a] 你和那些殖民者②建议,我要说的——正如赫西俄德所言——"看起来无关紧要,但却难以理解"。③ 因为,如果 [他们认为],④ 通过定立法律且不论任何法律就能顺利地建立一个政制,即便没有一位在城邦中照看着 (ἐπιμελούμενον) [a5] 日常生活方式的主人——以便奴隶和自由人在生活方式上既节制又勇敢 (σώφρων τε καὶ ἀνδρικὴ)⑤——那他

---

① [H本注] 公元前362年,斐莱的亚历山大(Alexander of Pherai)装备了一支舰队,之后的三年里,他在爱琴海的西边袭击过往船只,甚至还攻击了佩莱坞。同时,希腊北部的动乱使得陆路旅行也变得几乎不可能。这封书简非常有可能写于几年之后。

[B本注] 可能指斐莱的亚历山大在爱琴海西北部组织的海盗活动(色诺芬,《希腊志》VI. 4. 35)。他自公元前363年起就是帖撒利(Thessaly)的僭主,使得塔索斯岛周边的爱琴海海域在多年里变得极不安全(德摩斯提尼,《论哈农内苏岛》[*On the Halonnesus*])。这一段可能照应《书简七》340a。

② [B本注] 可能指塔索斯为了开采贵金属而在马其顿的庞伽翁地区(Pangaeon)进行的殖民活动。塔索斯人在克瑞尼达(Crenidae)定居是在公元前360年左右(狄奥多如斯,XVI. 3, 7)。

③ [B本注] 参见《赫西俄德残篇》(*Fragmenta Hesiodea*),条324,West-Merkelbach编。

④ [译注] 伯奈特的此句写作 εἰ γὰρ οἶόν τε [如果能够],整句话缺少主干动词,但也可以理解为省略。苏依耶、布伦特都将此句校改为 εἰ γὰρ οἴονται [如果他们认为],且可以照应到359a6-7的 οὐκ ὀρθῶς διανοοῦνται [想错了]。Harward的猜测这里原为 εἰ γὰρ οἴονθ' οἶόν τε [如果他们认为能够]。这里基于几种意见补足了伯奈特版本所省略的意思。

⑤ [B本注] 可能参考了《法义》XII. 962b-c。至于下文,参见《书简七》330d-331b。

们就想错了。不过，如果已经有配得上［359b］这样权柄的男人们，这事就会实现。① 要是还缺一个人来施教，我担心你们中间既没有施教者也没有受教者，你们今后只能向诸神祈祷了。② 因为，早前那些城邦差不多都是这样建立起来的，［b5］并且之后治理得很好，这都是由于在战争或其他境况中所发生的那些重大事件，③ 而且在这样的危机时刻，出现了一个拥有大权的既美且好的男人。④

所以，［359c］你们应当且必须首先热切地渴望这些［目标］，并将它们理解成我所说的那样，千万不要愚蠢地认为，你们会轻易地实现什么。好运！

---

① ［译注］应当是指"建立政制"之事。
② ［H本注］参见《书简七》331d4：ἡσυχίαν δὲ ἄγοντα εὔχεσθαι ［静默下来祈祷］。
③ ［H本注］359b5 的 σύμβασις ［发生］ 在柏拉图作品中仅此一见，斯多亚派后来用此词表示"发生"（occurrences）。
④ ［B本注］这一结尾令人想起《法义》卷四关于一个新城邦的建立的说法（707e 起，尤其 709a）。

书简十二

[题解]《书简十二》是柏拉图对阿尔基塔斯书简的回复。阿尔基塔斯把一位不具名的意大利哲人的手稿送给柏拉图,柏拉图对这位哲人赞美不已,并把他自己一部未完成的手稿寄给阿尔基塔斯。书信本身的内容并没有什么值得怀疑的,只不过大多数抄件(十份抄件中有六份)包含一个注释,质疑了这封书简的真实性。所以现代人大多怀疑这封书简,甚至接受其他书简的阿佩尔特(O. Apelt)也拒绝这封书简。第欧根尼·拉尔修在为阿尔基塔斯作传时(《名哲言行录》VIII. 80–81),收录了阿尔基塔斯致柏拉图的一封书简以及作为答复的这封书简。阿尔基塔斯的书简提到了卢卡尼亚的欧克洛斯(Okellos of Lucania)及其著作,其中一部著作流传下来,其成书年代大大晚于柏拉图和阿尔基塔斯的卒年,或许这可以证明阿尔基塔斯的这封书简是伪作。

[359c5] 柏拉图祝塔兰特的阿尔基塔斯万事顺遂!

收到你那边①送过来的著作（ὑπομνήματα），②我们非同一般地高兴，[359d] 并对写下它们的那位作者③感到无比敬仰④；在我

---

① [B本注] 阿尔基塔斯在写给柏拉图的信中说，他前往意大利东南部多山的地区卢卡尼亚，在那里找到了欧克洛斯（Okellos）的 ὑπομνήματα [著作]。值得注意的是，崛起于克劳同（Crotone）的反毕达哥拉斯派摧毁了在弥隆（Milon）的大本营后，斐洛劳斯（Philolaus）曾在卢卡尼亚避难（普鲁塔克，《论苏格拉底的精灵》[De genio Socratis] 13，《伦语》[Moralia] 583a）。此外，杨布利柯在列举阿尔基塔斯之前的毕达哥拉斯学派领袖时，提到了一位名叫阿瑞萨斯（Aresas）的卢卡尼亚人（《毕达哥拉斯传》266）。

② [B本注] 更常用来指示毕达哥拉斯和毕达哥拉斯派学说的语词是 ἀκούσματα，就词源说，此词指口传教诲。可能正因为如此，毕达哥拉斯派的写作被称为 ὑπομνήματα（第欧根尼·拉尔修，《名哲言行录》VIII. 24；波尔斐利 [Porphyry]，《毕达哥拉斯传》7；杨布利柯，《毕达哥拉斯传》199）。ὑπομνήματα 更为中性，由动词 ὑπο-μιμνήσκομαι [回忆] 和后缀 -μα 构成，意为"帮助记忆"，亦即仅仅用于代替衰退的记忆，但在任何情形下，都不能无所保留地展示那些应该秘传的学说。

③ [B本注] 即欧克洛斯。可能是一个真实的人物，生活在公元前四百年左右，杨布利柯基于阿里斯托克赛努斯（Aristoxenus）的证词在其毕达哥拉斯派名录中提到他（《毕达哥拉斯传》267）。有一部标题为《论世界的自然》的托名作品归在他名下。这部作品的思想来自亚里士多德的《论生灭》，而瓦罗（Varro）熟悉这部作品（森索里努斯 [Censorinus]，《论生日》[De die natali] 4.3），因此它应该写于公元前三世纪初至公元前一世纪初之间。

④ [H本注] ὡς ἔνι μάλιστα [无比敬仰]：色诺芬《回忆苏格拉底》IV. 5.9 有 ὡς ἔνι ἥδιστα [无比快乐]。

们看来，这个男人配得上他那些古老的祖先。①因为，据说这些男人是米利人（Μύριοι）②——他们原本是特洛亚人，后在拉奥美冬（Λαομέδων）③治下［d5］迁移出去——［他们是］好男人，正如流传的故事（μῦϑος）所表明的。

你来信④说到我的那些著作（ὑπομνήματα），它们还没有完全弄好，不过，就照着它们碰巧所是的样子，我［359e］给你送过去；关于［它们的］保管，⑤既然我们彼此商定了，也就不需要再叮嘱什么。

------

① ［B本注］即卢卡尼亚人的祖先。

② ［译注］Μύριοι 本为形容词"无数的、数不清的"。不能确定它在这里究竟是作专有名称，指某地的人们，还是作形容词修饰"这些男人"。

［H本注］伯奈特的文本得到几乎所有抄件支持，但是，无人对 Μύριοι 给出满意的解释。第欧根尼·拉尔修所引用的信中出现的是 Μυραῖοι，指来自缪哈（Myra）的殖民者，但我们对他们一无所知。从拉奥美冬治下逃出的移民是西西里的埃吕迈人（Elymaens），哈瓦尔德（Howald）猜测这里原文是 Ἐλυμαῖοι，但这甚至偏离 Μυραῖοι 都太远了。

［Bu本注］没有任何资料表明在意大利有这样一个特洛亚的殖民地，所以我们认为这是作者的杜撰。

③ ［B本注］拉奥美冬是普里阿摩斯（Priam）的父亲，是特洛亚远古的国王。他曾向赫拉克勒斯许诺，如果能够杀死波塞冬派来的海怪并解救他的女儿赫茜奥内（Hesione），他就会把他拥有的神圣骏马赠给赫拉克勒斯。但等赫拉克勒斯完成任务，他却不愿践行诺言。赫拉克勒斯围攻特洛亚，并杀死了拉奥美冬。

④ ［B本注］指阿尔基塔斯写给柏拉图的信。

⑤ ［Bu本注］参见《书简二》314a，《书简十三》363e。

［H本注］φυλακῆς 被解释成柏拉图《王制》中的卫士。这里更可能是说这些著作的保管。我们可以假定，柏拉图和阿尔基塔斯达成一致，关于重要哲学问题的著作不能落入像狄奥尼修斯这样的人手中。

（有人反驳说，这不是柏拉图的书简。）①

附：《名哲言行录》（VIII. 80）收录的阿尔基塔斯的书简

阿尔基塔斯祝柏拉图健康！②

很高兴你摆脱了那些病患！③ 除了你本人的来信，我们也从拉弥斯克斯（Λαμίσκος）④ 那里得知了这一消息。我们一直留意着那些著作（ὑπομνήματα），我们去了卢卡尼亚人那里，遇到了欧克洛斯（Ὀκκέλος）的后嗣。⑤ 我们手头有《论法律》《论王政》《论虔敬》和《论万物的起源》，一并都寄给你了。其余的目前还没找到，一旦找到，也将寄给你。

---

① [译注] A、O、Z 等主要抄件都包含这句话。这句话应该是编者的批注，而这位编者很可能就是忒拉绪洛斯。据说忒氏思想上倾向于毕达哥拉斯派。

② [B本注] 问候语 ὑγιαίνειν [祝健康] 是毕达哥拉斯派特有的问候语（《名哲言行录》III. 21, VIII. 79；卢奇安，《论问候语之失》），与柏拉图式的问候语"万事顺遂"相对。

③ [B本注] "病患"（ἀρρωστία）指什么？通常意义上的疾病，还是柏拉图被逐出奥图基亚城堡后所面临的重重危险？参见《书简七》350a-b。

④ [B本注] 以阿尔基塔斯和塔兰特的毕达哥拉斯派的名义，拉弥斯克斯到了狄奥尼修斯那里，劝他放柏拉图回雅典。

⑤ [B本注] 欧克洛斯的"后嗣"是指他的子孙，还是他的遗著？也有可能是，欧克洛斯的遗著现在在他的后人手里。

书简十三

[题解] 尽管此简同样写给狄奥尼修斯，但收信人却加上了"叙拉古僭主"的头衔。场景是在柏拉图第二次从西西里返回之后（公元前366年），当时狄翁已流亡雅典，但狄奥尼修斯向柏拉图保证，俟战争结束，他就会召回狄翁。写作时间先于《书简二》，因为在《书简二》中（314d），波吕克塞努斯（Polyxenus）与狄奥尼修斯已然熟识，常伴僭主左右，而在这里（360c），柏拉图提到波吕克塞努斯时，似乎狄奥尼修斯还不认识他。

柏拉图以一个宴饮场景作为开始和"符记"（σύμβολον），以便狄奥尼修斯能够确认这封信出自柏拉图之手（360a-c）。之后，柏拉图介绍了自己为狄奥尼修斯选派的哲学老师赫里孔（Helicon），提醒狄奥尼修斯留心考察此人的品质，并督促狄奥尼修斯学习哲学，因为哲学能使他变得更好，还会带给他好名声（360c-e）；柏拉图转而谈到一些琐碎的内容：他为狄奥尼修斯代办的事务，为狄奥尼修斯的妻儿们准备的礼物（361a-c），继而大段地谈到一些关乎钱的事情，请求狄奥尼修斯资助自己几个外甥女的出嫁、母亲的丧事（361c-362a），狄奥尼修斯在雅典的花费（362a-c），对狄奥尼修斯在财政问题上的建议（362c-e）。最后部分由七个松散的段落构成（362e-363e），似乎是一个事后的补记：其第三个段落谈到，"有许多人命令我写［书简］，要公然拒绝他们可并不容易。那严肃的书简以'神'开头，不那么严肃的书简则以'神们'开头"。

无论是风格、主题还是基调，《书简十三》都与其他三封写给狄奥尼修斯的书简大为不同。首先，整封信轻松戏谑，情谊融融，除了间或劝导狄奥尼修斯学习哲学外（360e，363c），谈的都是些再日常不过的俗事；其次，这封信所呈现的那位柏拉图似乎只关心囊中物，心安理得地取用僭主狄奥尼修斯的钱财。他与狄奥尼修斯亲密如同家人，似乎更关心狄奥尼修斯的利益而不是狄翁，甚至还站在狄奥尼修斯一边反对狄翁（362e）。有人指责说，这封信中的柏拉图像是依附于僭主的鄙俗幕僚，一位"狄奥尼修斯的谄媚者"（塞涅卡，《论幸福生活》[De Vitae Beata]，27.5；第欧根尼·拉尔修，《名哲言行录》III. 9）。因为反感这封信的内容，斐齐诺甚至没有翻译这封信，未将它纳入自己的译本。

[360a] 柏拉图祝叙拉古僭主狄奥尼修斯万事顺遂！

这权当是给你的这封信的开头，同时也作为一个符记（σύμβολον），① 表明这封信出自我手。

---

① ［译注］σύμβολον［符记］在柏拉图笔下出现之处及其含义，参见马特，《柏拉图与神话之镜》，吴雅凌译，华东师范大学出版社，2008，页345以下。

［P本注］理查兹（H. Richards, *Platonica*, London, 1911）已经指出，在希腊语中，书信的第一句话包括问候语，εὖ πράττειν［万事顺遂］后面并无句号。这一问候语及其双重含义（"行事正确"和"繁荣昌盛"）是柏拉图书简之真伪的标志。在《书简三》和《书简八》中，柏拉图同样影射了问候语的形式。

［B本注］与大多数论者相反，尤蒂（H. C. Youtie, *Zetischrift für*

有一天，你宴请一群罗克里的年轻人，①［a5］躺在离我很远的位置，你起身走向我，热情洋溢地说了一段话，说得很精彩，至少我这么觉得。［360b］我旁边躺着一位高贵的人，他也这么觉得，因此（τότε）②他说："狄奥尼修斯呵，论到智慧，你可真是从柏拉图那里受益匪浅啊！"而你说："许多其他方面也一样，自从我请柏拉图来以后，我就单单因为请他来这儿［b5］而立马受益了。"③你一定得再接再厉，④这样我们才能一直愈加地让彼此受益。

正是抱着这样的愿望，我这会儿给你送去几本关于毕达哥拉斯派和划分法的［书］。⑤按照我们当初的约定，我还

Papyrologie und Epigraphik 6，1970，页115-116）认为，"符记"不是指问候语 εὖ πράττειν［万事顺遂］，而是指随后的这则小故事。尤蒂通过分析五份莎草纸文献，表明收信人和写信人都熟悉的一个故事如何能够作为"相认的信物"。严格说来，"符记"指通过把一块牌子或羊跖骨的两半拼起来作为相认的信物（参《会饮》191d）。

① ［B本注］小狄奥尼修斯的母亲是罗克里人。正因为此，在狄奥尼修斯父子统治时期，叙拉古和罗克里关系极其密切。

② ［H本注］τότε 在这封信中反复出现，李特（C. Ritter）认为这一点可疑。哈克弗斯（*The Authorship of the Platonic Epistles*, Manchester, 1913, 页182、193）已表明这是柏拉图晚年的写作风格。

③ ［译注］注意这里的重复。狄奥尼修斯请柏拉图来，柏拉图答应前来，之后两人有没有过对话或交谈？狄奥尼修斯是因为"请柏拉图来"这个行为而受益，他还不是因为柏拉图的教诲而受益。

［M本注］一旦外界得知狄奥尼修斯召请了柏拉图，狄奥尼修斯便声名大噪了。

④ ［译注］或译作"保持这种精神"。

⑤ ［H本注］信中丝毫没有透露"毕达哥拉斯派的书"何指，或许只不过是数学练习。διαιρέσεις［划分法］很可能是《智术师》和《治邦者》

给你派来一人，[360c] 你和阿尔基塔斯（Ἀρχύτης）①——如果阿尔基塔斯已到了你那里——兴许能用得上。此人叫赫里孔（Ἑλίκων），② 居齐克斯人（Κυζίκου），③ 是欧多克索斯（Εὐδόξος）④ 的门生，深得其师的真传。此外，他还熟识伊索克

所说的"划分法"的练习。这些练习无疑是柏拉图学园中的常规学业。《名哲言行录》IV.5 在列举斯彪西普斯的著作时提到 διαιρέσεις。

[M 本注] 阿佩尔特（O. Apelt, *Platons Briefe*, 1918）和其他人都认为 πυθαγόρεια［毕达哥拉斯派的书］指《蒂迈欧》，διαιρέσεις［划分法］指《智术师》和《治邦者》。如果这一假设成立，那就得推定这些对话写于公元前 366 年之前，而这几乎不可能。没必要假定这里是指哪部对话。任何形而上学—数学性的研究都能称作 πυθαγόρεια。亚里士多德提到 "写下的划分"（γεγραμμέναι διαιρέσεις）就是划分法的练习（《论动物的各个部分》[*De Partibus Animalium*] 642b12）。喜剧诗人埃斐普斯（Ephippus）有诗讥嘲柏拉图学园中的 διαιρέσεις（阿忒纳乌斯，《哲人燕谈录》59d-f）。

[B 本注] 亚里士多德明确把《划分》归之于柏拉图（《论生灭》II3.330b15–17，另参《名哲言行录》III. 80）。

① [译注] 这里的 "阿尔基塔斯" 为阿提卡方言拼法，见《书简七》338c6 注释。多里斯方言写法为 Ἀρχύτας。

[P 本注] 尽管阿尔基塔斯本人是位大数学家，可他要了解欧多克索斯的天文学研究得靠赫里孔帮忙。

② [B 本注] 据普鲁塔克（《狄翁传》19.6），这位赫里孔可能是学园成员，在叙拉古待过一段时间。柏拉图最后一次逗留叙拉古期间，他曾准确预言过一次日食（公元前 361 年 5 月 12 日），狄奥尼修斯为此赏给他一笔钱。在《论苏格拉底的精灵》7（《伦语》579c）中，普鲁塔克记述说，柏拉图曾请欧多克索斯和赫里孔两人出面，解决神谕要求将提洛岛的阿波罗祭坛容量加倍的问题。

③ [H 本注] 学园里有学生来自居齐克斯（Kyzikos）及附近地区，比如，阿忒奈乌斯（Athenaios）来自居齐克斯，发现了圆锥曲线的美奈科莫斯（Menaichmos）和德诺斯特拉特斯（Deinostratos）兄弟俩则来自附近的一个岛。

④ [M 本注] 克尼多斯的欧多克索斯（Eudoxus of Cnidos）是公元前四

拉底（*Ἰσοκράτης*）① 的一位学生［c5］以及卜吕颂（*Βρύσων*）② 的伙伴波吕克塞努斯（*Πολυξένος*）。③ 除了这些，尤为难得的是，他并不是个谈起话来索然无味的人（*ἄχαρίς*），而且看上去没什么坏脾气，反倒似乎会是一个乐天 ④ 和心地单纯的人。⑤［360d］我这么说却又有些担心，因为我是在表达对一个人的看法，而人是一种并不拙劣但却易变的生物，⑥ 只有很少人在很

世纪最著名的数学家之一。他的学园本在居齐克斯，后迁到雅典，在柏拉图于公元前 367 年赴叙拉古前，与柏拉图的学园融合（参 G. F. Unger, Eudoxos von Knidos und Eudoxos von Rhodos, *Philologus* L, 1891, 页 191 以下）。

［B 本注］欧多克索斯（约公元前 408—前 355），数学家和天文学家，曾跟阿尔基塔斯学习几何，跟斐利斯提翁（Philistion）学习医学。他 23 岁左右来到雅典，经常出入柏拉图学园。

① ［B 本注］伊索克拉底（约公元前 436—前 338），雅典演说家，普洛狄科、普罗塔戈拉的学生，曾到西西里拜谒高尔吉亚，也是苏格拉底的朋友。公元前 392 年左右，他在雅典办学设教，与柏拉图学园竞争。

② ［M 本注］卜吕颂是欧几里德（Eucleides of Megara）的学生，知名智术师。亚里士多德称他第一个尝试解决化圆为方问题（《后分析篇》［*Analytica Posteriora*］75b40,《辩谬篇》［*De Sophisticis Elenchis*］171b16, 172a4）。

③ ［M 本注］亚历山大（Alexander）在注疏亚里士多德的《形而上学》（84, 16）时提到波吕克塞努斯，说他是智术师，发明了"第三人"论证。提到他的其他地方，见《书简二》310c, 314c-d；第欧根尼·拉尔修,《名哲言行录》II. 76。

④ ［H 本注］*ἐλαφρός* 意为欢快或活泼，参见《法义》657d4。

⑤ ［译注］这句赞语用了 *ἔοικεν*［似乎］、*δόξειεν*［看上去］两词，似乎只是在描述外在的印象，因而说得很不确定。这正说明柏拉图对此人的怀疑与不确定。

⑥ ［H 本注］此句见引于普鲁塔克《伦语》533c 的《论错误的羞耻》（*De Vitioso Pudore*）11, 以及亚历山大的克雷芒的《杂俎》VI. 625a。参见《法义》777b4: *δύσκολόν ἐστι τὸ θρέμμα ἄνθρωπος*［人是种忒麻烦的动物］。

少事情上能例外。① 我担心并怀疑他也这样，于是在和他交谈时亲自观察他，[d5] 还向他那些同乡打听过，可压根儿没人说他一句坏话。不过，你还得亲自考察此人，留心为妙。最要紧的是，如果你不管怎样有了闲暇，②[360e] 那就从他学习，并进行其他的爱智研究（φιλοσόφει）。如果你没有闲暇，那就让他教会别人，以便你闲下来时再学，这样你就会变得更好，还会博得好名声，你从我这里获得的益处才会源源不断。这事就说到这儿。

[361a] 至于你来信要我给你送去的那些东西，我已拿到阿波罗像，③ 由勒普提涅斯（Λεπτίνης）带给你。④ 神像出自一位年轻却高妙的工匠之手，工匠名叫勒奥卡赫斯（Λεωχάρης）。⑤

---

① [P本注] 柏拉图多次说到"人"的变化无常，见《书简六》323b，《书简七》335e。

② [M本注] 狄奥尼修斯正忙于对卢坎人（Lucanian）的战争，柏拉图因此才得以回到雅典（《书简七》338a）。

③ [B本注] 两位狄奥尼修斯都自称是阿波罗的后裔，见普鲁塔克，《论亚历山大的命运》(*De Fortuna Alexandri*) 338b；苏格拉底派书简，35 Hercher=33 Köhler）。《书简三》开头说，狄奥尼修斯曾问候"德尔斐的神"阿波罗（315b-c）。相传柏拉图具有阿波罗式的神性，见 A. Swift Riginos, *Platonica*, Leiden Brill, 1976, 页 9–32。

④ [M本注] 参见 361b 及 363c。这位信使是否可能是德摩斯提尼于公元前 354 年的演说《勒普提涅斯》(*Leptines*) 中反对的那个雅典人？

[B本注] 此人可能就是后来在雷吉翁处死卡利普斯的那位毕达格拉斯派（普鲁塔克，《狄翁传》58.6），卡利普斯死于他当初谋害狄翁的那把剑下。

⑤ [B本注] 老普林尼认为勒奥卡赫斯的全盛时期在公元前 372—前 369 年间（《自然史》XXXIV. 50）。普鲁塔克（《亚历山大传》40）说他和吕西普斯（Lysippus）共同创作了一组青铜像。

[M本注] 勒奥卡赫斯是著名的雅典雕塑家，他的艺术活动似在公元前 356—前 320 年间，故而这里说他"年轻"。

我觉得他那里的另一件作品也极为精美，于是就买了下来，[a5] 想献给你妻子，① 因为不论我身体安泰还是不适，她都以一种于你我都得体的方式尽心照料。将礼物交给她吧，若你觉得合适的话。我还给孩子们送去十二坛甜酒和两罐蜂蜜。[361b] 我们回来时没赶上储藏干无花果的时季，② 而原本储藏的桃金娘果已经烂了。③ 但我们下回会照看得更好些。勒普提涅斯会给你说说这些果树的情况。

买这些东西以及 [b5] 向城邦缴纳贡税所费的银钱，我是从勒普提涅斯那里拿的，我还告诉他，我们在去琉卡狄亚（Λευκαδία）的船上④ 的花费是自个儿掏的，⑤ 约计十六米纳——

---

① [B本注] 即狄翁的姐姐阿里斯托玛克与老狄奥尼修斯所生的女儿索弗奥绪内（Sophrosyne）。

② [H本注] 雅典的无花果很出名，参见阿忒奈乌斯《哲人燕谈录》XIV. 652b）所引述的故事。储藏无花果的风俗，见苏格拉底派书简 10.2：τῶν ἰσχάδων ἀποτίθεσο [储藏无花果]，作者很可能想到了这一段落。

③ [B本注] 令人想起《王制》卷二（372a-d，尤其c-d）"猪的城邦"中简单却健康的饮食。相传柏拉图"爱吃无花果"（见普鲁塔克，《宴会问答》[*Quaestio Convivalis*] 688a；阿忒奈乌斯，《哲人燕谈录》VII. 276 以下；第欧根尼·拉尔修，《名哲言行录》VI. 25–26）。

④ [B本注] 可能是指每年举行一次的仪式：雅典派船去琉卡狄亚岛上的阿波罗庙，就如派船去提洛岛上的阿波罗庙（《斐多》58a-c）。狄奥尼修斯身为雅典公民，可能被强制承担仪式所需费用。

[P本注] 老狄奥尼修斯死前终于得到雅典民众的认可，他在公元前367年的悲剧比赛中夺得头名。柏拉图看到，小狄奥尼修斯要保持这种认可，就要适当地花钱支持节日欢庆活动。琉卡狄亚船上的花费有可能就是为了另一类"仪式"。

⑤ [H本注] 原文出现有意的犯错。ἡμέτερον [我们的] 必然是指柏拉图本人，361b6 的 ἡμῖν [我们] 也可以这样假定，但 ἡμῖν 紧跟在 μοι [我]

我觉得，告诉他这些对我们极为合适，而且也是实话实说。于是我拿了这笔钱，一部分自己花，[361c]一部分用来给你们送去这些物品。

接下来，你得听我讲讲钱的事，这既关系到你在雅典要用的钱，也关系到我要用的钱。我对你说过，我会用你的钱，就像用其他热心的朋友（ἐπιτηδείων）①的钱一样，可我会尽可能少用，除非我和出钱的人觉得不得不用或者应当用或者用得合算。眼下我正碰到这种情况。我的几个外甥女儿[361d]都已过世——她们死的时候，我没有戴花冠，尽管你非要我戴不可②——撇下四个女儿，一个已到适婚的年龄，一个八岁，一个三岁多一点，还有一个不满一岁。她们的嫁妆理应由我和我那些热心的朋友代为置办，可恐怕[d5]我活不到她们都出嫁的那一天了，到时，未出嫁的就只能自个儿张罗了。另外，要是她们的父亲比我富裕，我就不必为她们办嫁妆，可实际上，现在就数我过得最好，而且当初是我靠着狄翁和别人帮忙[361e]给她们母亲办的嫁

后面，应当是合指柏拉图和狄奥尼修斯。361c1 的 ὑμῖν [你们] 便指狄奥尼修斯全家。这艘船很可能是包下来送柏拉图从叙拉古回雅典的。包船的费用并不多。李特暗示，"琉卡狄亚" 或许是一艘三层桨船的名字，狄奥尼修斯可能是养护这艘船的司令官。但柏拉图似乎是在说他个人的花费。

① [译注] ἐπιτήδειος 作形容词有多种意思，"有用的""必需的"，可以表示 "怀好意的、有用的朋友"。西文译本大多把此词译作 "朋友"。

② [B本注] 这事很难解释。

[H本注] 李特认为这句话是伪作者在故弄玄虚。但更可能的是，这里描绘了柏拉图在叙拉古得知外甥女去世后实际发生的情景。西塞罗（《论法律》II. 63）描绘了雅典的丧葬习俗，并将之与罗马的习俗对比，说 "然后是宴饮，由死者亲人筹办，头带花冠"。是否可以设想，狄奥尼修斯为柏拉图办了一场丧宴，并要他遵守雅典的风俗？

妆。最年长的是斯彪西普斯（Σπευσίππος）姐姐的女儿，她将嫁给斯彪西普斯。① 为此我至多需要三十米纳，这笔礼金对我们正合适。② 此外，要是我母亲过世，[e5] 修坟的钱应当不会超过十米纳。③ 我当前所需开支大致就是这些。不过，若是我为去见你而有其他任何花销，无论是私是公，我都会照我当初说的那样做：我会尽力压缩 [362a] 花销，而那些在所难免的花销得由你来付。

接下来，我要说说你在雅典的钱的开支情况。首先，我需要 [为你]④ 支付歌队之类的费用，⑤ 并没有哪个异乡朋友 [a5] 可

---

① [B本注] 这封书简通常被认为写于公元前366年，斯彪西普斯约生于公元前410—前408年，此时大概已在42至44岁之间。
[Bu本注] 斯彪西普斯，参见《书简二》314e。

② [H本注] 有人指责柏拉图没有遵守他在《法义》(742c, 774c, 959d) 中立下的规矩：禁止随礼金，置办嫁妆的花费也受限制。但柏拉图是雅典人，不是克洛索斯人（Knossian）。雅典法律规定，如果一个女孩父母双亡，其亲属便要为她办嫁妆，对此督导不利的官员有可能要交罚金一千德拉克马。关于礼金的多少，可以比较吕西阿斯的《为曼提忒奥斯一辩》(*On Behalf of Mantitheos*, 10)：尽管曼提忒奥斯经济条件很一般，还是分别拿出三十米纳给自己的两个姐姐作嫁妆，为此他广受称赞。

③ [B本注]《法义》XII. 959d 规定，最上等阶层的丧葬花费不应超过五米纳。
[H本注] 十米纳很可能是为了建一座漂亮的雕像。柏拉图之母出身于雅典最显赫的家族之一，建一座雕像是应该的。柏拉图似乎觉得母亲即将不久于人世，他此时大约60岁，比兄弟格劳孔和阿德曼图斯年轻得多，所以他母亲应该差不多90岁了。柏拉图显然是唯一还在世的儿子。柏拉图没有暗示狄奥尼修斯应当为筑坟或嫁妆出多少钱，但他显然期僭主能出一部分，就像狄翁曾帮他置办其他嫁妆一样。

④ [H本注] 原文没有"为你"，但意思肯定是如此。

⑤ [B本注] 意即以小狄奥尼修斯的名义举行一场戏剧演出的费用。城

以为你垫支，尽管我们都期望有；① 其次，一旦碰上与你本人切身相关的要事，立即付钱就对你有利，而拖到你派的人来再付钱则对你不利，这样做不仅麻烦，而且也丢你的面子。我［362b］亲身求证过这种事。你信中还要其他更大件的东西，② 为了给你送去，我派厄拉斯托斯（Ἔραστος）去找埃吉纳人安德罗美德（Ἀνδρομήδης ὁ Αἰγινήτης），③ 你一直叮嘱我，如果我有什么需要，都可以朝你们的这位异乡朋友支钱。可人家说，［b5］以前他曾给你父亲垫支过钱，好不容易才收回，因此这次他只能出一点，多了免谈。他这么说并不为过，而且是人之常情。于是我便向勒普提涅斯要钱，勒普提涅斯很值得表扬，不是因为他出了钱，而是因为他的爽快，而且在其他牵涉你的事情上，［362c］他说起

邦执政官会指定一位有钱的公民承担一场演出的费用，相当于缴一项税。公元前369/8年，狄奥尼修斯父子被授予雅典公民身份，因此小狄奥尼修斯也承担了这一义务（W. Dittenberer, *Sylloge Inscriptionum Graecarum*，第三版，159）。此外，如果我们相信吕西阿斯在《为一位匿名者辩护》（*Defence of an anonymous*）［21］1-5 的说法），一支歌队的费用可能高于三十米纳。

① ［M本注］普鲁塔克《狄翁传》17 节说，狄翁为柏拉图承担了资助一支歌队的费用。

② ［H本注］ἐπέστελλες［你写信］显然指狄奥尼修斯的信，可能是由勒普提涅斯带过来的。我们只能猜测狄奥尼修斯想让柏拉图送去的 μείζονα［更大的东西］是什么。狄奥尼修斯可能提到比雕像更重要的东西，或许还让柏拉图试着替他借一笔钱。

③ ［H本注］老狄奥尼修斯与埃吉纳有联系，安德洛美德或许是他在当地的代理人。没有理由假定安德洛美德在雅典，否则就不必派厄拉斯托斯到他那儿去了。从这句话看，小狄奥尼修斯似乎知道厄拉斯托斯，可能此人随柏拉图去过西西里。他很可能就是后来跟克里斯库斯同去斯科希斯的那位（见《书简六》）。

话做起事来都显得够朋友。我应当向你传报此类和相反的情况,①并说明我觉得每个人对你怎么样。

不管怎样,在钱的问题上,我要对你直言不讳。因为这是正当的,[c5] 此外,我还要根据我的体会说说你周边的人。他们每次向你传报消息时,要是他们认为会报告花销的事,他们就不愿意传报,以免招致你的不快。[362d] 所以,你要让他们习惯于并强迫他们明言这些和其他事情。因为你应当尽力去知道一切,自己做判断,切勿逃避知道。因为,对于统治而言,这是所有事情中对你最好的。正确地 [d5] 支配花销和正确地偿还欠债,无论是对于其他目的还是对于钱财的获取本身而言,都是一件好事,正如你本人所说以及将来也会说的。因此不要让那些声称关心你的人在世人面前诽谤你。这对于你的名誉既不好也不美,要是你被视作一个难打交道的人($\delta\upsilon\sigma\sigma\dot{\upsilon}\mu\beta o\lambda o\nu$)的话。②

[362e] 接下来我要说说狄翁。别的事情我目前还不能说什么,要等收到你的那些书简,就像你说过的。不过,至于你不许我向他提及的那些事情,[e5] 我既没有提起过,也没有谈论过,可我试图搞清楚,他究竟会艰难地还是轻松地承受那些事情的发生,而在我看来,如果发生了,他可不会只是一点点不快。③ 但

---

① [H本注] 柏拉图主动汇报这类情况,他的这一行为向来饱受非议。但是,作为狄奥尼修斯的密友,他理当传报这类代理人的情况,因为狄奥尼修斯没办法控制他们。接下来的建议当然不是谄媚,而是想要尽可能地帮助一个年轻人,因为他对处理这类事务还没有经验。

② [译注] $\delta\upsilon\sigma\sigma\dot{\upsilon}\mu\beta o\lambda o\nu$ [难打交道的人] 实为 $\delta\upsilon\sigma\xi\dot{\upsilon}\mu\beta o\lambda o\varsigma$ 的变体。

③ [H本注] 普鲁塔克《狄翁传》(20) 解释了这里的内情,尽管他说的并不完全准确,但他的下列假定多半是对的:狄奥尼修斯想要重新安排王室的婚姻,有意让狄翁与妻子阿瑞特离婚,于是他让柏拉图试探狄翁的意

在其他方面，我认为狄翁在言辞和行动上对你都很温和。

［363a］至于克拉提努斯（Κρατίνος）①——提摩忒奥斯（Τιμοθέος）②的兄弟、我的同伴，让我们送他一副重甲兵的胸甲，也就是步兵所用的软甲中的一种。③再送给刻贝斯（Κέβης）的女儿们三件七肘尺长④的衬袍，不用阿谟尔古斯（Ἀμοργίνος）⑤价格昂贵的［亚麻］，而是用西西里的亚麻。［a5］你很可能认识"刻贝斯"这个名字，因为他已被写进那些苏格拉底的言辞

见。我们没有理由为此感到震惊。老狄奥尼修斯曾安排了王室的所有婚姻，以图加强他在叙拉古的政治地位。阿瑞特要改嫁给提莫克拉底（Timocrates），一个可堪信任的雇佣兵领袖。狄奥尼修斯在外期间，提莫克拉底执掌叙拉古的军队（《狄翁传》26）。柏拉图对这一计划没有表示赞同，他仅仅告诉狄奥尼修斯，狄翁不可能同意这一提议。

① ［H本注］其人不详。他的兄弟提摩忒奥斯是一位著名的将领，与柏拉图关系密切，见阿里安，《历史杂俎》11, 10, 18。

［B本注］这位克拉提努斯可能是参加阿尔古哈（Argoura）远征（公元前350年）的骑兵统帅，返回时被弥狄阿斯（Midias）指控为雅典的耻辱（德摩斯提尼，《反弥达斯》［Contra Midias］132）。

② ［B本注］关于提摩忒奥斯与柏拉图的关系，参见 A. S. Riginos, Platonica, Leiden, 1976, 页 123–124。提摩忒奥斯曾在学园用餐，他赞扬那里饮食上的节制朴素。这一暗示如果与 361a-b 联系起来，是否可能表达了柏拉图对西西里的生活方式的谴责（参见《书简七》326b）？

③ ［B本注］参见《书简七》328d。

④ ［译注］πῆχυς［肘尺］为中指尖到肘尖的长度，约等于 0.444 米，七肘尺约等于 3.11 米。

⑤ ［B本注］阿谟尔古斯是居克拉德斯（Cyclades）群岛的一个小岛，当地的亚麻被认为是上品，非常适合做这种直接贴身穿的衬袍。因其品质超群，阿谟尔古斯亚麻做成的衣服价格昂贵。

［M本注］关于"昂贵的阿谟尔古斯衬袍"，参见 G. M. A. Richter, "Silk in Greece", American Journal of Archaeology, XXXIII (1929), 页 27–33。

（Σωκρατεῖοι λόγοι）：在那篇讨论灵魂的言辞中，他和西姆米阿斯（Σιμμίας）一道与苏格拉底交谈。① 这个男人对我们所有人非常亲近和友善。

[363b] 至于那个符记——它可以表明哪些书简是我严肃写下的，哪些不是——我想你记得，可你还得加以理解，并且要凝神专注于它。因为，有许多人命令我写，要公然拒绝他们可并不容易。[b5] 那严肃的书简以"神"开头，不那么严肃的书简则以"神们"开头。②

使者们③请求我致信于你，这很自然。因为他们极其热心

---

① [H本注] 对灵魂的讨论是指柏拉图的《斐多》，毕达哥拉斯派的刻贝斯和西姆米阿斯以及苏格拉底是主要谈话者。可以看出狄奥尼修斯非常赞同毕达哥拉斯学派，所以让他送刻贝斯礼物并非不合适。

[译注] 刻贝斯和西姆米阿斯为忒拜人，是毕达哥拉斯派哲人斐洛劳斯的门徒（《斐多》61d）。据克力同说，两人还曾出钱想营救苏格拉底越狱（《克力同》45b）。这里暗示狄奥尼修斯可能读过苏格拉底的对话。

② [H本注] 本特利（Richard Bentley）解释说："柏拉图这里的'符记'并未见于书简，也未见于任何一封书简的开头——它与这些书简无关（如果我没弄错的话）……σὺν θεῷ [与神一起] 表示是一封严肃的书简，σὺν θεοῖς [与神们一起] 表示不严肃。这两个短语是写作或任何重要言述共同的开头形式，就用法而言并无差别。"

[M本注] 令人困惑的是，我们所掌握的柏拉图书简中并没用到这一符记。或许这一符记是专门用于写给狄奥尼修斯的举荐信的。柏拉图与富有的年轻僭主的关系众所周知，可能有很多人请求柏拉图向狄奥尼修斯举荐自己。选择这两个语词，背后不太可能有什么隐藏的含义；柏拉图在对话中常常混用"神"和"诸神"。

③ [B本注] 可能暗指公元前367年往波斯派出的使团，当时是为了在斯巴达与忒拜的战争中请求波斯大王的仲裁。

[H本注] 我们对这里提到的使团一无所知。一定是狄奥尼修斯派到雅典的使团。不清楚菲莱德斯是谁，这个名字几乎不可能是叙拉古人的名字；

地到处赞美你和我，斐朗豪斯①也一样（Φίλαγρος），当时他的手有些毛病。[363c] 从［波斯］大王那里回来的斐莱德斯（Φιλαίδης）也谈起你。要不是需要一封很长的书简的话，我要写写他说的内容，既然这样，你就向勒普提涅斯询问吧。

如果你要把胸甲②或者我在信中提到的其他东西送来，[c5] 你就把东西托付给你自己愿意托付的人，如果没有愿意托付的人，那就托付给特里勒劳斯（Τηρίλλος）吧。因为他总是出航，而且他是我们的朋友，在其他事情以及在哲学上皆有造诣。他是提松（Τείσων）的姻亲，在我们启程离开的时候，提松正担任城防官（ἐπολιανόμει）。③

保重吧，你要爱智慧，还要多鼓励其他那些 [363d] 更年轻的人，并代我问候那些［与你］一同研究天球的人。④你要交

如果狄奥尼修斯派他出使波斯，他一定会直接返回叙拉古，而不是在雅典等着。他可能是个雅典人。

① ［M 本注］斐朗豪斯以及下面提到的斐莱德斯、特里勒劳斯、提松、雅特克勒斯、密洛尼得斯皆不详何人。《书简三》319a 提到了阿里斯托克利图斯。

② ［译注］胸甲，参见 363a。

③ ［译注］ἐπολιανόμει［担任城防官］意为担任 πολιανόμος［城防官］一职。

［B 本注］在多里斯人的城邦中，πολιανόμος［城防官］相当于雅典的 ἀστυνόμος［治安长官］。

［M 本注］雅典没有 πολιανόμος 一职。但在南意大利希里斯（Siris）的赫拉克雷阿（Heracleia）出土的铭文中，发现了这个官职。希里斯是塔兰特的殖民地，叙拉古也是多里斯人的城邦，可能也有这样一个官职。参见 G. Gilbert, *Handbuch der griechischen Staatsaltertümer*, Leipzig, 1888, 1893, 卷二，页 246。

④ ［译注］συσφαιριστής 由前缀 συν-［共同］和词干 σφαῖρα［球、球体］

代其他人和阿里斯托克利图斯（Ἀριστόκριτος），①一旦我有什么消息或书简到了你那里，他们应当确保你第一时间得知，还应当提醒你注意［d5］我说的内容。此外，别忘了偿还勒普提涅斯垫支的钱，而且要尽快偿付，其他人看到你这么对他，就会更热心地为我们效劳。

［363e］ 雅特克勒斯（Ἰατροκλῆς）——他和密洛尼得斯（Μυρωνίδος）当时一道被我释放为自由人——现在正和我派来的人一同在海上。他对你很友善，请你把他雇佣了吧，你可以随意支使他。至于这封书简，你要保存原件或是一份备忘，②［e5］而且你要始终如一。③

复合而成，字面义为"共同玩球的人"。但 σφαῖρα 可以指用于运动的"球"，也可以指物理学和天象学意义上的"球体、星球"，如 τὰ σφαιρικά 表示星辰学、天体学，σφαιρίον 可以表示原子等。所以，这里译为"共同玩球的人"还是"共同研究天球的人"，均可商榷。

［M本注］柏拉图把赫里孔派到狄奥尼修斯那里，而赫里孔深通天文学家欧多克索斯的学说，有鉴于此，我认为此词应当是指"一同研究球体的同学"。《书简二》312d 的 σφαιρίον［球］或许借用自此处，倘若如此，那就表明了《书简二》的作者解释此词的方式。

① ［H本注］《书简三》319a3 提到阿里斯托克利图斯。
② ［译注］ ὑπόμνημα［备忘］：参见《书简十二》359c6 相关注释。
③ ［译注］ 最后一句 O 抄件作 καὶ ὁ αὐτὸς ἴσθι，A 抄件作 καὶ αὐτὸς ἴσθι。ἴσθι 可以是 εἰμί［是］的命令式，也可以是 οἶδα［知道］的命令式。这最后一句话非常难以理解和翻译。接受 O 抄件的译者通常翻译成 be always the same，"愿你永远如一／永远是我的朋友"（H本、S本、P本、B本），接受 A 抄件的译者通常翻译成 take it to heart，"愿你记在心上"（M本）。

人名索引[1]

Ἀγαμέμνων［阿伽门农］:《书简二》311b1;

Ἀναξαγόρα［阿纳克萨戈拉］:《书简二》311a5;

Ἀνδρομήδης［安德罗美德］:《书简十三》362b1;

Ἀπόλλων［阿波罗］:《书简十三》361a2;

Ἀριστοδώρος［阿里斯托多如斯］:《书简十》358b7;

Ἀριστοκρίτος［阿里斯托克利图斯］:《书简三》319a3;《书简十三》363d2;

Ἀρίστων［阿里斯通］:《书简二》314e6;

Ἀρχεδήμος［阿尔基德莫斯］:《书简二》310b4, 312d2, 313d4, d7, e4;《书简三》319a2;《书简七》339a7, 349d2;

Ἄρχιππος［阿尔基普斯］:《书简九》357d5;

Ἀρχύτης［阿尔基塔斯］:《书简七》338c6, c7, 339b1, d2, 350a6;《书简九》357d4;《书简十二》359c5;《书简十三》360c1;

Βακχεῖος［巴科基奥斯］:《书简一》309c1;

Βρύσων［卜吕颂］:《书简十三》360c5;

---

[1] 此人名索引承蒙李孟阳制作,谨致谢忱!

Γέλων [格隆]:《书简七》333a3;

Δαρεῖος [大流士]:《书简七》332a5;

Διονύσιος [狄奥尼修斯]:《书简一》309a1;《书简二》310b3;《书简三》315a7, 319b3;《书简四》320e2;《书简七》c3, d4, d7, e1, 328a2, a5, d3, 329b8, c3, c8, e3, e7, 330a1, c3, 331d7, 332c6, 333a7, a8, b3, b5, c4, d4, 334d6, d7, 335c4, e1, 336b3, 337d7, e4, 338a3, a5, b6, c3, c6, d1, d4, d5, e6, 339a6, b4, b8, d3, d4, 340a5, b2, b7, 341a7, b1, 344d4, 345a2, a7, b7, d4, d6, e3, 346e1, 347a3, a6, a8, b6, b7, d1, 348a1, a5, b3, b7, c4, c5, d1, d5, e2, e3, e8, 349a1, b3, c6, d5, 350b2, c1, c6, d7;《书简八》356a3, b1, c2, 357c2;《书简十三》360a1, b2;

Διονύσιος [老狄奥尼修斯]:《书简二》313a3;《书简七》327b6, 332c2;《书简八》353a8, 354d5, e1, 356b1;

Δίων [狄翁]:《书简二》310b6, c1, c3;《书简三》315d5, 316c3, d3, 317a2, a7, a8, b4, c4, e4, e7, 318a6, b3, c5–7;《书简七》323d7, d10, 324a6, 326e3, 327a2, a5, d7, 328b5, d1, 329c1, c3, c5, c6, 330a5, b3, 331d7, 332c7, 333a8, b3, b5, c2, d2, d6, e1, 334a1, c1, c3, d5, d8, 335c2, e2, e3, 336c2, d1, 337d5, 338a2, a6, a7, b3, b4, b7, c3, d2, 339b5, b6, c3, c6, e2, 345c5, c8, 346a7, b2, b7, c2, d1, e2, 347a7, b3, c2, d2, d7, e3, 348a3, 349c6, e5, e9, 350b4, b6, e1, e2, 351a1, c2, c6, d7;《书简八》352b1, 355a3, a6;《书简十》358c1;《书简十三》361e1, 362e2, e8;

Δωρίς [多里斯]:《书简二》313a3;

Ἑλίκων [赫里孔]:《书简十三》360c2;

Ἔραστος [厄拉斯托斯]:《书简六》322c2, d4, 323a2, a6;《书简十三》362b2;

Ἑρμεία [赫尔弥亚]:《书简六》322c2, d1, e6, 323a2, a7;

Εὔδοξος [欧多克索斯]:《书简十三》360c3;

Εὐριπίδος [欧里庇得斯]:《书简一》309d1;

Εὐρύβιος [欧律比奥斯]:《书简三》318c3;《书简七》348e6;

Εὐφραίος [欧弗莱奥斯]:《书简五》321c3, d1, e6;

Ἐχεκράτος [埃科克拉特斯]:《书简九》358b3;

Ζεύς [宙斯]:《书简二》311b3;《书简七》329b4, 334d7, 345a3, 350b8;

Ἡγησίππος [赫吉西普斯]:《书简二》314e6;

Ἡρακλείδης [赫拉克雷德斯]:《书简三》318c1, c7, 319a5;《书简四》320e3, 321b3;《书简七》348b6, b7, c6, d6, e8, e10, 349a4, c1, c4, e8;

Ἡσίοδος [赫西俄德]:《书简十一》359a2;

Θαλῆς [泰勒斯]:《书简二》311a4;

Θεοδότης [忒奥多特斯]:《书简三》318c3, c6;《书简四》320e3, 321b3;《书简七》348c1, c4, e6, 349b1, c1, d4, d6, e3, e7;

Ἰατροκλῆς [雅特克勒斯]:《书简十三》363e1;

Ἱέρων [希耶罗]:《书简二》311a1;《书简七》336a8;

Ἱππαρῖνος [希普帕西努斯]:《书简七》324a7;《书简八》356c3, 357c1;

Ἱππαρῖνος [老希普帕西努斯]:《书简八》353b2, 354d6;

Ἰσοκράτης [伊索克拉底]:《书简十三》360c4;

Κέβης [刻贝斯]:《书简十三》363a3, a5;

Κορίσκος [克里斯库斯]:《书简六》322c2, d4, 323a3, a6;

Κρατίνος [克拉提努斯]:《书简十三》363a1;

Κρατιστόλος [克拉提斯托鲁斯]:《书简二》310c7;

Κρέων [克瑞翁]:《书简二》311a7;

Κροῖσος [科洛伊苏斯]:《书简二》311a6;

Κῦρος [居鲁士]:《书简二》311a6;《书简四》320d7;

Λαμίσκος [拉弥斯克斯]:《书简七》350b1;

Λαοδάμας [拉奥达玛斯]:《书简十一》358d1;

Λαομέδων [拉奥美冬]:《书简十二》359d4;

Λεπτίνης [勒普提涅斯]:《书简十三》361a2, b3, b5, 362b7, 363c3, d5;

Λεωχάρης [勒奥卡赫斯]:《书简十三》361a3;

Λυγκεύς [林寇斯]:《书简七》344a1;

Λυκοῦργος [吕库尔戈斯]:《书简四》320d6;《书简八》354b2;

Λυκόφρων [吕科普丰]:《书简二》314d1;

Λυσικλείδος [吕西克雷德斯]:《书简二》315a2;

Μίνως [米诺斯]:《书简二》311b1;

Μυρωνίδος [密洛尼得斯]:《书简十三》363e1;

Νέστωρ [涅斯托尔]:《书简二》311b2;

Ὀδυσσεύς [奥德修斯]:《书简二》311b2;

Παλαμήδης [帕拉默德斯]:《书简二》311b2;

Παυσανίος [泡桑尼阿斯]:《书简二》311a2;

Περδίκκα [佩尔蒂卡]:《书简五》321c2;

Περίανδρος [佩里安德斯]:《书简二》311a4;

Περικλῆς [伯里克勒斯]:《书简二》311a5;

Πολύειδος [波吕艾都斯]:《书简二》311b1;

Πολυξείνος [波吕克塞努斯]:《书简二》310c7, 314c7;《书简十三》360c5;

Προμηθεύς [普罗米修斯]：《书简二》311b3；

Πυθαγόρας [毕达哥拉斯]：《书简十三》360b7；

Σιμμίας [西姆米阿斯]：《书简十三》363a6；

Σιμωνίδης [西蒙尼德斯]：《书简二》311a3；

Σόλων [梭仑]：《书简二》311a6；

Σπεύσιππος [斯彪西普斯]：《书简二》314e2，e3；《书简十三》361e2；

Στησίχορος [斯忒西科若斯]：《书简三》319e3；

Σωκράτης [苏格拉底]：《书简二》314c4；《书简七》324e1，325b6，c1；《书简十一》358d5，e1（存疑）；《书简十三》363a6；

Τειρεσίας [忒瑞西阿斯]：《书简二》311b1；

Τείσων [提松]：《书简十三》363c7；

Τηρίλλος [特里勒劳斯]：《书简十三》363c5；

Τιμοθέος [提摩忒奥斯]：《书简十三》363a1；

Φίλαγρος [斐朗豪斯]：《书简十三》363b9；

Φιλαίδης [斐莱德斯]：《书简十三》363c1；

Φιλιστίδης [斐利斯提德斯]：《书简三》315e3；

Φιλιστίων [斐利斯提翁]：《书简二》314e1，e3；

Φιλωνίδης [斐洛尼德斯]：《书简九》357d5；

Φρυνίων [普绪尼翁]：《书简九》358b5；

地 名 索 引

Ἀθῆναι［雅典］：《书简二》314e4，315a3；《书简七》332b6，333b3，d1，e1，334b1，b3，336d5-6，339d8，340b4，346c1，350a3；《书简十一》358d3；《书简十三》361c2-3，362a3；

Αἴγινα［埃吉纳］：《书简四》321b4；《书简十三》362b1；

Ἀμοργίνος［阿谟尔古斯］：《书简十三》363a4；

Ἄργος［阿尔戈斯］：《书简八》354b3；

Δελφοί［德尔斐］：《书简三》315b4；

Ἰταλία［意大利］：《书简三》317c1；《书简七》326b5，b7，327b3，e5，339d7；

Λακεδαίμων［拉刻岱蒙］：《书简二》311a2；《书简四》321b3；

Λακωνικά［拉孔尼刻］：《书简八》356b6；

Λευκαδία［琉卡狄亚］：《书简十三》361b7；

Λοκρίς［罗克里］：《书简十三》360a4；

Κόρινθος［科林斯］：《书简二》311a4；《书简七》318a7；

Κυζίκος［居齐克斯］：《书简十三》360c3；

Μέγαρα [麦加拉]:《书简七》329a1;

Μεσσήνη [美塞尼]:《书简八》354b3;

Μηδία [米底亚]:《书简七》332a7;

Μίλητος [米利都]:《书简二》311a5;

Ὀλυμπία [奥林匹亚]:《书简二》310d1;《书简七》350b6;

Πελοπόννησος [伯罗奔半岛]:《书简七》333b2,336d5,345c6–7,346b3,c1,348d1,350b6;

Πέρσης [波斯]:《书简七》332b6;

Σικελία [西西里]:《书简二》315a3;《书简三》315d2,317c1,319e1;《书简七》326b5,327a1,b3,e5,330b8,331e2,332b2,c3,e3,334a1,a2,c6,336a6,d2,d4,338a1,a5,b6,339b1,b2,c2,d7,348a4,c9,350d5,351e2,352a2–3;《书简八》352c5,d7,353a6,b3,e3,354d6,355d1,356c3,357a5;《书简十三》363a4;

Συράκουσαι [叙拉古]:《书简二》312a1;《书简三》315d3,316a7,c3,317a2–3,a4,e6,318c2,319a4,d1,e1;《书简四》319e6;《书简七》324a5,b1,326b7,d7,e3,327c7,c5,328e2,329c7,333b5,c6,336a1,337d5,338d2,339b6;《书简八》352c1,355a2,a8,356a8,357c3;《书简十三》360a1;

Τάρας [塔兰特]:《书简七》338d1,339d2,e2,350a7;《书简九》357d3;《书简十二》359c5;

Τροία [特洛亚]:《书简十二》359d5;

图书在版编目（CIP）数据

柏拉图书简/（古希腊）柏拉图著；彭磊译注.--北京：华夏出版社，2018.1
（西方传统:经典与解释）
ISBN 978-7-5080-9359-8

Ⅰ.①柏… Ⅱ.①柏… ②彭… Ⅲ.①柏拉图（Platon 前427-前347）—书信集 Ⅳ.①B502.232

中国版本图书馆CIP数据核字(2017)第288038号

柏拉图书简

作　　者	[古希腊]柏拉图
译　　注	彭　磊
责任编辑	王霄翎　李安琴
责任印制	刘　洋
出版发行	华夏出版社
经　　销	新华书店
印　　装	三河市少明印务有限公司
版　　次	2018年1月北京第1版 2018年4月北京第1次印刷
开　　本	880×1230　1/32
印　　张	6.5
字　　数	138千字
定　　价	45.00元

华夏出版社　地址：北京市东直门外香河园北里4号　邮编：100028
网址：www.hxph.com.cn　电话：(010)64663331(转)
若发现本版图书有印装质量问题，请与我社营销中心联系调换。

西方传统：经典与解释
Classici et Commentarii
HERMES
刘小枫◎主编

古今丛编

孟德斯鸠的自由主义哲学
——《论法的精神》疏证 [美]潘戈 著

莫尔及其乌托邦 [德]考茨基 著

试论古今革命 [法]夏多布里昂 著

托兰德与激进启蒙 刘小枫 编

图书馆里的古今之战 [英]斯威夫特 著

但丁：皈依的诗学 [美]弗里切罗 著

在西方的目光下 [英]康拉德 著

大学与博雅教育 董成龙 编

探究哲学与信仰
——基尔克果与苏格拉底 [美]郝岚 著

民主的本性
——托克维尔的政治哲学 [法]马南 著

梅尔维尔的政治哲学
——《切雷诺》及其解读 李小均 编/译

席勒美学的哲学背景 [美]维塞尔 著

果戈里与鬼 [俄]梅列日科夫斯基 著

自传性反思 [美]沃格林 著

黑格尔与普世秩序 [美]希克斯 等著

新的方式与制度
——马基雅维利的《论李维》研究
[美]曼斯菲尔德 著

科耶夫的新拉丁帝国 [法]科耶夫 等著

《利维坦》附录 [英]霍布斯 著

或此或彼（上、下） [丹麦]基尔克果 著

海德格尔式的现代神学 刘小枫 选编

双重束缚 [法]基拉尔 著

古今之争中的核心问题
——施米特的学说与施特劳斯的论题 [德]迈尔 著

论永恒的智慧 [德]苏索 著

宗教经验种种 [美]詹姆斯 著

尼采反卢梭 [美]凯斯·安塞尔-皮尔逊 著

舍勒思想评述 [美]弗林斯 著

诗与哲学之争 [美]罗森 著

神圣与世俗 [罗]伊利亚德 著

论古人的智慧 [英]培根 著

但丁的圣约书 [美]霍金斯 著

古典学丛编

探究希腊人的灵魂 [美]戴维斯 著

尤利安文选 马勇 编/译

论月面 [古罗马]普鲁塔克 著

雅典谐剧与逻各斯
——《云》中的修辞、谐剧性及语言暴力
[美]奥里根 著

莱园哲人伊壁鸠鲁 罗晓颖 选编

《劳作与时日》笺释 吴雅凌 撰

希腊古风时期的真理大师 [法]德蒂安 著

古罗马的教育 [英]葛怀恩 著

古典学与现代性 刘小枫 编

表演文化与雅典民主政制
[英]戈尔德希尔、奥斯本 编

西方古典文献学发凡 刘小枫 编

古典语文学常谈 [德]克拉夫特 著

古希腊文学常谈 [英]多佛 等著

撒路斯特与政治史学 刘小枫 编

希罗多德的王霸之辨 吴小锋 编/译

第二代智术师
——罗马帝国早期的文化现象 [英]安德森 著

英雄诗系笺释 [古希腊]荷马 著

统治的热望
——修昔底德笔下的阿尔喀比亚德和帝国政治
[美]福特 著

论埃及神学与哲学
——伊希斯与俄赛里斯 [古希腊]普鲁塔克 著

凯撒的剑与笔 李世祥 编/译

伊壁鸠鲁主义的政治哲学
[意]詹姆斯·尼古拉斯 著

修昔底德笔下的人性 [美]欧文 著

修昔底德笔下的演说 [美]斯塔特 著

古希腊政治理论 [美]格雷纳 著

神谱笺释　吴雅凌　撰
赫西俄德：神话之艺
[法]居代·德·拉孔波　等著
赫拉克勒斯之盾笺释　罗逍然　译笺
《埃涅阿斯纪》章义　王承教　选编
维吉尔的帝国　[美]阿德勒　著
塔西佗的政治史学　曾维术　编

古希腊诗歌丛编
古希腊早期诉歌诗人　[英]鲍勒
诗歌与城邦　[美]费拉格、纳吉　主编
阿尔戈英雄纪（上、下）
[古希腊]阿波罗尼俄斯　著
俄耳甫斯教祷歌　吴雅凌　编译
俄耳甫斯教辑语　吴雅凌　编译

古希腊肃剧注疏集
希腊肃剧与政治哲学　[美]阿伦斯多夫　著

古希腊礼法
希腊人的正义观　[英]哈夫洛克　著

廊下派集
廊下派的神和宇宙　[墨]里卡多·萨勒斯　编
廊下派的城邦观　[英]斯科菲尔德　著

希伯莱圣经历代注疏
希腊化世界中的犹太人　[英]威廉逊　著
第一亚当和第二亚当　[德]朋霍费尔　著

新约历代经解
属灵的寓意　[古罗马]俄里根　著

基督教与古典传统
加尔文与现代政治的基础　[美]汉考克　著
无执之道
——埃克哈特神学思想研究　[德]文森　著
恐惧与战栗　[丹麦]基尔克果　著
托尔斯泰与陀思妥耶夫斯基
[俄]梅列日科夫斯基　著
论宗教大法官的传说　[俄]罗赞诺夫　著
海德格尔与有限性思想（重订版）
刘小枫　选编
上帝国的信息　[德]拉加茨　著

基督教理论与现代　[德]特洛尔奇　著
亚历山大的克雷芒　[意]塞尔瓦托·利拉　著
中世纪的心灵之旅
——波纳文图拉神学著作选　[意]圣·波纳文图拉　著

德意志古典传统丛编
穆佐书简　[奥]里尔克　著
纪念苏格拉底——哈曼文选　刘新利　选编
夜颂中的革命和宗教
——诺瓦利斯选集卷一　[德]诺瓦利斯　著
大革命与诗化小说
——诺瓦利斯选集卷二　[德]诺瓦利斯　著
黑格尔的观念论　[美]皮平　著
浪漫派风格——施勒格尔批评文集　[德]施勒格尔　著

美国宪政与古典传统
美国1787年宪法讲疏　[美]阿纳斯塔普罗　著

世界史与古典传统
从普遍历史到历史主义　刘小枫　编

品达注疏集
幽暗的诱惑
——品达、晦涩与古典传统　[美]汉密尔顿　著

欧里庇得斯集
自由与僭越
——欧里庇得斯《酒神的伴侣》绎读　罗峰　编译

阿里斯托芬集
《阿卡奈人》笺释　[古希腊]阿里斯托芬　著

色诺芬注疏集
居鲁士的教育　[古希腊]色诺芬　著
色诺芬的《会饮》　[古希腊]色诺芬　著

柏拉图注疏集
柏拉图书简　彭磊　译著
哲学的奥德赛——《王制》引论　[美]郝兰　著
爱欲与启蒙的迷醉
——论柏拉图的《会饮》　[美]贝尔格　著
为哲学的写作技艺一辩
——《斐德若》疏证　[美]伯格　著
柏拉图式的迷宫——《斐多》义疏　[美]伯格　著
哲学如何成为苏格拉底式的　[美]朗佩特　著
苏格拉底与希琵阿斯　王江涛　编译

理想国　[古希腊]柏拉图 著
谁来教育老师——《普罗塔戈拉》发微　刘小枫 编
立法者的神学
　　——柏拉图《法义》卷十绎读　林志猛 编
柏拉图对话中的神　[法]薇依 著
厄庇诺米斯　[古希腊]柏拉图 著
智慧与幸福
　　——柏拉图的《厄庇诺米斯》　程志敏 选编
论柏拉图对话　[德]施莱尔马赫 著
柏拉图《美诺》疏证　[美]克莱因 著
政治哲学的悖论
　　——苏格拉底的哲学审判　[美]郝岚 著
神话诗人柏拉图　张文涛 选编
阿尔喀比亚德　[古希腊]柏拉图 著
叙拉古的雅典异乡人
　　——柏拉图《书简七》探幽　彭磊 选编
阿威罗伊论《王制》　[阿拉伯]阿威罗伊 著
《王制》要义　刘小枫 选编
柏拉图的《会饮》　[古希腊]柏拉图 等著
苏格拉底的申辩（修订版）　[古希腊]柏拉图 著
苏格拉底与政治共同体　[美]尼柯尔斯 著
政制与美德——柏拉图《法义》疏解　[美]潘戈 著
《法义》导读　[法]卡斯代尔·布舒奇 著
论真理的本质　[德]海德格尔 著
哲人的无知　[德]费勃 著
米诺斯　[古希腊]柏拉图 著

亚里士多德注疏集
亚里士多德《政治学》中的教诲　[美]潘戈 著
品格的技艺　[美]加佛 著
亚里士多德哲学的基本概念　[德]海德格尔 著
《政治学》疏证　[意]托马斯·阿奎那 著
尼各马可伦理学义疏
　　——亚里士多德与苏格拉底的对话　[美]伯格 著
哲学之诗
　　——亚里士多德《诗学》解诂　[美]戴维斯 著
对亚里士多德的现象学解释　[德]海德格尔 著
城邦与自然——亚里士多德与现代性　刘小枫 编
论诗术中篇义疏　[阿拉伯]阿威罗伊 著

哲学的政治
　　——亚里士多德《政治学》疏证　[美]戴维斯 著

普鲁塔克集
普鲁塔克的《对比列传》　[英]达夫 著
普鲁塔克的实践伦理学　[比利时]胡芙 著

莎士比亚绎读
莎士比亚的历史剧　[英]蒂利亚德 著
莎士比亚戏剧与政治哲学　彭磊 选编
莎士比亚的政治盛典　[美]阿鲁里斯/苏利文 编
丹麦王子与马基雅维利　罗峰 选编

洛克集
上帝、洛克与平等　[美]沃尔德伦 著

卢梭集
论哲学生活的幸福　[德]迈尔 著
致博蒙书　[法]卢梭 著
政治制度论　[法]卢梭 著
哲学的自传
　　——卢梭的《孤独漫步者的遐思》　[美]戴维斯 著
文学与道德杂篇　[法]卢梭 著
设计论证
　　——卢梭的《社会契约论》　[美]吉尔丁 著
卢梭的自然状态　[美]普拉特纳 等著
卢梭的榜样人生
　　——作为政治哲学的《忏悔录》　[美]凯利 著

莱辛注疏集
汉堡剧评　[德]莱辛 著
关于悲剧的通信　[德]莱辛 著
《智者纳坦》研究版　[德]莱辛 等著
启蒙运动的内在问题
　　——莱辛思想再释　[美]维塞尔 著
莱辛剧作七种　[德]莱辛 著
历史与启示——莱辛神学文选　[德]莱辛 著
论人类的教育
　　——莱辛政治哲学文选　[德]莱辛 著

尼采注疏集
尼采引论　[德]施特格迈尔 著
尼采与基督教
　　——尼采的《敌基督》论集　刘小枫 编

尼采眼中的苏格拉底 [美]丹豪瑟 著
尼采的使命
　　——《善恶的彼岸》绎读 [美]朗佩特 著
尼采与现时代
　　——解读培根、笛卡尔与尼采 [美]朗佩特 著
动物与超人之间的绳索 [德]A.彼珀 著

施特劳斯集
原著
论僭政（重订本）——色诺芬《希耶罗》义疏 [美]施特劳斯 [法]科耶夫 著
苏格拉底问题与现代性（增订本）
　　——施特劳斯讲演与论文集：卷二
犹太哲人与启蒙
　　——施特劳斯演讲与论文集：卷一
霍布斯的宗教批判
斯宾诺莎的宗教批判
门德尔松与莱辛
哲学与律法——论迈蒙尼德及其先驱
迫害与写作艺术
柏拉图式政治哲学研究
论柏拉图的《会饮》
柏拉图《法义》的论辩与情节
什么是政治哲学
古典政治理性主义的重生（重订本）
回归古典政治哲学——施特劳斯通信集
苏格拉底与阿里斯托芬

研究作品
论源初遗忘
　　——海德格尔、施特劳斯与哲学的前提
　　[美]维克利 著
政治哲学与启示宗教的挑战 [德]迈尔 著
阅读施特劳斯 [美]斯密什 著
施特劳斯与流亡政治学 [美]谢帕德 著
隐匿的对话
　　——施米特与施特劳斯 [德]迈尔 著
驯服欲望
　　——施特劳斯笔下的色诺芬撰述 [法]科耶夫 等著

施米特集
宪法专政
　　——现代民主国家中的危机政府 [美]罗斯托 著
施米特对自由主义的批判 [美]约翰·麦考米克 著

伯纳德特集
古典诗学之路（第二版）
　　——相遇与反思：与伯纳德特聚谈 [美]伯格 编
弓与琴（重订本）
　　——从柏拉图解读《奥德赛》 [美]伯纳德特 著
神圣的罪业 [美]伯纳德特 著

布鲁姆集
巨人与侏儒（1960-1990）
人应该如何生活——柏拉图《王制》释义
爱的设计——卢梭与浪漫派
爱的戏剧——莎士比亚与自然
爱的阶梯——柏拉图的《会饮》
伊索克拉底的政治哲学

沃格林集
自传体反思录 [美]沃格林 著

大学素质教育读本
古典诗文绎读 西学卷·古代编（上、下）
古典诗文绎读 西学卷·现代编（上、下）

中国传统：经典与解释
Classici et Commentarii
经典与解释
刘小枫　陈少明◎主编

周易古经注解考辨 / 李炳海 著
浮山文集 / [明]方以智 著
药地炮庄 / [明]方以智 著
药地炮庄笺释·总论篇 / [明]方以智 著
青原志略 / [明]方以智 编
冬灰录 / [明]方以智 著
冬炼三时传旧火 / 邢益海 编
《毛诗》郑王比义发微 / 史应勇 著
宋人经筵诗讲义四种 / [宋]张纲 等撰
道德真经藏室纂微篇 / [宋]陈景元 撰
道德真经四子古道集解 / [金]寇才质 撰
皇清经解提要 / [清]沈豫 撰
经学通论 / [清]皮锡瑞 著
松阳讲义 / [清]陆陇其 著
起凤书院答问 / [清]姚永朴 撰
周礼疑义辨证 / 陈衍 撰
《铎书》校注 / 孙尚扬 肖清和 等校注
韩愈志 / 钱基博 著
论语辑释 / 陈大齐 著
《庄子·天下篇》注疏四种 / 张丰乾 编
荀子的辩说 / 陈文洁 著
古学经子 / 王锦民 著
经学以自治 / 刘少虎 著
从公羊学论《春秋》的性质 / 阮芝生 撰

刘小枫集

以美为鉴：注意美国立国原则的是非未定之争
海德格尔与中国
古典学与古今之争 [增订本]
这一代人的怕和爱 [第三版]
沉重的肉身 [珍藏版]
圣灵降临的叙事 [增订本]
罪与欠
儒教与民族国家
拣尽寒枝
施特劳斯的路标
重启古典诗学
共和与经纶
设计共和
现代性与现代中国：现代性社会理论绪论
诗化哲学 [重订本]
拯救与逍遥 [修订本]
走向十字架上的真
卢梭与我们
西学断章
现代人及其敌人
好智之罪：普罗米修斯神话通释
民主与爱欲：柏拉图《会饮》绎读
民主与教化：柏拉图《普罗塔戈拉》绎读
巫阳招魂：《诗术》绎读

编修 [博雅读本]

凯若斯：古希腊语文读本 [全二册]
古希腊语文学述要
雅努斯：古典拉丁语文读本
古典拉丁语文学述要
危微精一：政治法学原理九讲
琴瑟友之：钢琴与古典乐色十讲

经典与解释辑刊

1 柏拉图的哲学戏剧
2 经典与解释的张力
3 康德与启蒙
4 荷尔德林的新神话
5 古典传统与自由教育
6 卢梭的苏格拉底主义
7 赫尔墨斯的计谋
8 苏格拉底问题
9 美德可教吗
10 马基雅维利的喜剧
11 回想托克维尔
12 阅读的德性
13 色诺芬的品味
14 政治哲学中的摩西
15 诗学解诂
16 柏拉图的真伪
17 修昔底德的春秋笔法
18 血气与政治
19 索福克勒斯与雅典启蒙
20 犹太教中的柏拉图门徒
21 莎士比亚笔下的王者
22 政治哲学中的莎士比亚
23 政治生活的限度与满足
24 雅典民主的谐剧
25 维柯与古今之争
26 霍布斯的修辞
27 埃斯库罗斯的神义论
28 施莱尔马赫的柏拉图
29 奥林匹亚的荣耀
30 笛卡尔的精灵
31 柏拉图与天人政治
32 海德格尔的政治时刻
33 荷马笔下的伦理
34 格劳秀斯与国际正义
35 西塞罗的苏格拉底
36 基尔克果的苏格拉底
37 《理想国》的内与外
38 诗艺与政治
39 律法与政治哲学
40 古今之间的但丁
41 拉伯雷与赫尔墨斯秘学
42 柏拉图与古典乐教
43 孟德斯鸠论政制衰败
44 博丹论主权
45 道伯与比较古典学
46 伊索寓言中的伦理
47 斯威夫特与启蒙
48 赫西俄德的世界